14歳の
WORLDLY WISDOM FOR 14 YEARS OLD
世渡り術

みんなどうやって
書いてるの?

10代からの
文章レッスン

河出書房新社

みんなどうやって書いてるの？——10代からの文章レッスン　もくじ

踊り場

STEP 2

STEP 3

二行目で、つまずきました……
どのように書けばいい？　113

STEP 4

だれに向けて書きましょう?——つたわる文章とは 159

はじめに

通学中に不思議な光景を見た時。「推《お》し」の新曲を聴《き》いた時。頑張《がんば》ったテストの結果が良くなかった時。胸の中に何か湧《わ》き上がってきて、言葉にしてみたくなる。ノートやSNSに書いたり、誰《だれ》かにメッセージを送ったりしてみる。でも、なんだか思ったようにいかない。うまく言葉が出てこなくて、どう表現すればいいのかわからない。色んなものを見て、たくさんのことを感じていたはずなのに、たった数行で終わってしまう。

このあいだ読んだ、とある作家のエッセイ集が胸に残っている。景色が目に浮《う》かぶようで、まるで自分が体験した気分になった。心の動きをこんな言葉で表現できるんだとわくわくした。なんでもない話なのに、ページをめくる手が止まらなくなった。

こんなふうに書けたら、楽しいかもしれない。身の回りで起こったできごとや自分の気持ちを、もっと言葉で表現してみたい。

そう思うあなたのために、この本を作りました。

ここで少し自己紹介《しょうかい》をさせてください。ライター・編集者の小沼理《おぬまおさむ》と申します。皆《みな》さんと同じ十代の頃《ころ》から自発的に文章を書くようになり、やがて雑誌やウェブの記事を制作する仕事に就《つ》きました。ある時から自分の体験や考えを題材にしたエッセイを書く機会が増え、これまでに日記の本や、エッセイ集を出版しています。「ＺＩＮＥ《ジン》」と呼ばれる、自主制作の冊子を作って発信するのも大好きです。

人よりはたくさん文章に関わっているほうですが、正直に言うと、「文章って、書けば書くほどわからなくなるな……」と思っています。エッセイのようにある程度自由な表現ができる文章ではなおさらです。感じた通り言葉にできているのか、それが人に伝わるのかいつも迷いますし、今よりもはっとする書き出しがあるんじゃないかと書き直すこともしばしば。書くことが思いつかず延々うなっているときだってありますし、「そもそもこんな話を誰が読むんだろう」と自信をなくすことも日常茶飯事《にちじょうさはんじ》です。

苦しいことがたくさんあるし、何が正しいのかよくわからない。それでも書き続けているのは、そこに苦しさ以上の何かがあるからなのだと思います。うまく言葉にできたときの手応え、「これだ」と思う書き出しがひらめいたときの興奮、書きたいことがあふれ出てくるときの高揚感《こうよう》。自分なりの正解に近づいていく喜びが、書く原動力になっています。

正解は書きたいことによって毎回違《ちが》うので、いつも最初はどう書けばいいのかわかりません。このとき、私はあなたと同じように、書くことの入り口で立ち尽《つ》くしています。うまく書けずに手が止まるたび、「もっと上手に表現できたら」と思います。私のこの気持ちは、あなたにも身に覚えがあるかもしれません。

そんなまだまだ修行中の身ではありますが、試行錯誤《しこうさくご》を繰《く》り返すなかで、どうやら文章にはいろんな「書き方」があって、それを知っていると役に立つことがわかってきました。

試しに、海へ行った日のことを書くとしましょう。もしも「海へ行った。楽しかった」以上のことが書けないとき、どうするでしょうか？　私の場合はまず、「思いついたことを五分間ひたすら書き出してみる」という方法を試します。文章が整っていないとか、これでは単語を羅列《られつ》しているだけだとか、一切気にせずに手を動かします。

「暑かった」「ビーチバレーをした」「遠くまで泳いだ」「かき氷」「次の日は日焼けが痛

かった」「海水の味」……。そんなふうに一通り書き出したら、今度はその中から結びつきそうなものをまとめて並べてみます。「遠くまで泳いだ」と「海水の味」などですね。そして、それを文章のかたちに整えていきます。

「遠くまで泳いだ。海水の味がした」

もう少し説明を加えることができそうです。

「遠くまで泳いでいるとき、海水が口の中に入った。塩辛《から》い味がした」

こんなふうに。さらに、断片的な言葉を文章に整える中で、「遠く」ってどのくらいだっけ、とか、高い波が来て海水が口に入ったんだったな、とか、きっと色々なことを連想します。水の中は冷たかったけど陽射《ひざ》しが強くて暑かったな、だから特に上半身の日焼けが痛いんだな……みたいに、さっき書き出した言葉とつながることも思い出すかもしれません。そうして書いていくと、「海へ行った。楽しかった」だけだった感想が徐々《じょじょ》に長く、あざやかに姿を変えていきます。

どうでしょう。なんだか自分にもできそうな気がしてきませんか？

文章を書く人は皆、こうした方法を駆使《くし》しながら言葉と向き合っています。そこでこの本では、さまざまな書き手に「文章の書き方」について考えてもらいました。エッセイスト、小説家、文芸評論家、詩人、お笑い芸人。それぞれの人が、自分の経験や気持ちを書くためのコツや工夫、心構えを教えてくれています。

人によってまったく違う方法を使っている場合や、同じに見えてまったく違う書き方をしている場合もあります。戸惑《とまど》うかもしれませんが、それでいいんです。文章の書き方に唯一《ゆいいつ》の正解はありません。そうではなくて、「たくさんの正解」があるんです。だからこそ難しいし、奥《おく》が深いのだと思います。

どの方法を試すかによって、あなたの文章は変化するでしょう。よさそう、と思った書き方を真似《まね》してみてください。そのうちに、だんだん自分なりの正解に近づけるようになっていくはずです。

いろんな書き方を、私自身も皆さんと一緒《いっしょ》に学んでいきたいと思っています。

それでは、はじめましょう！

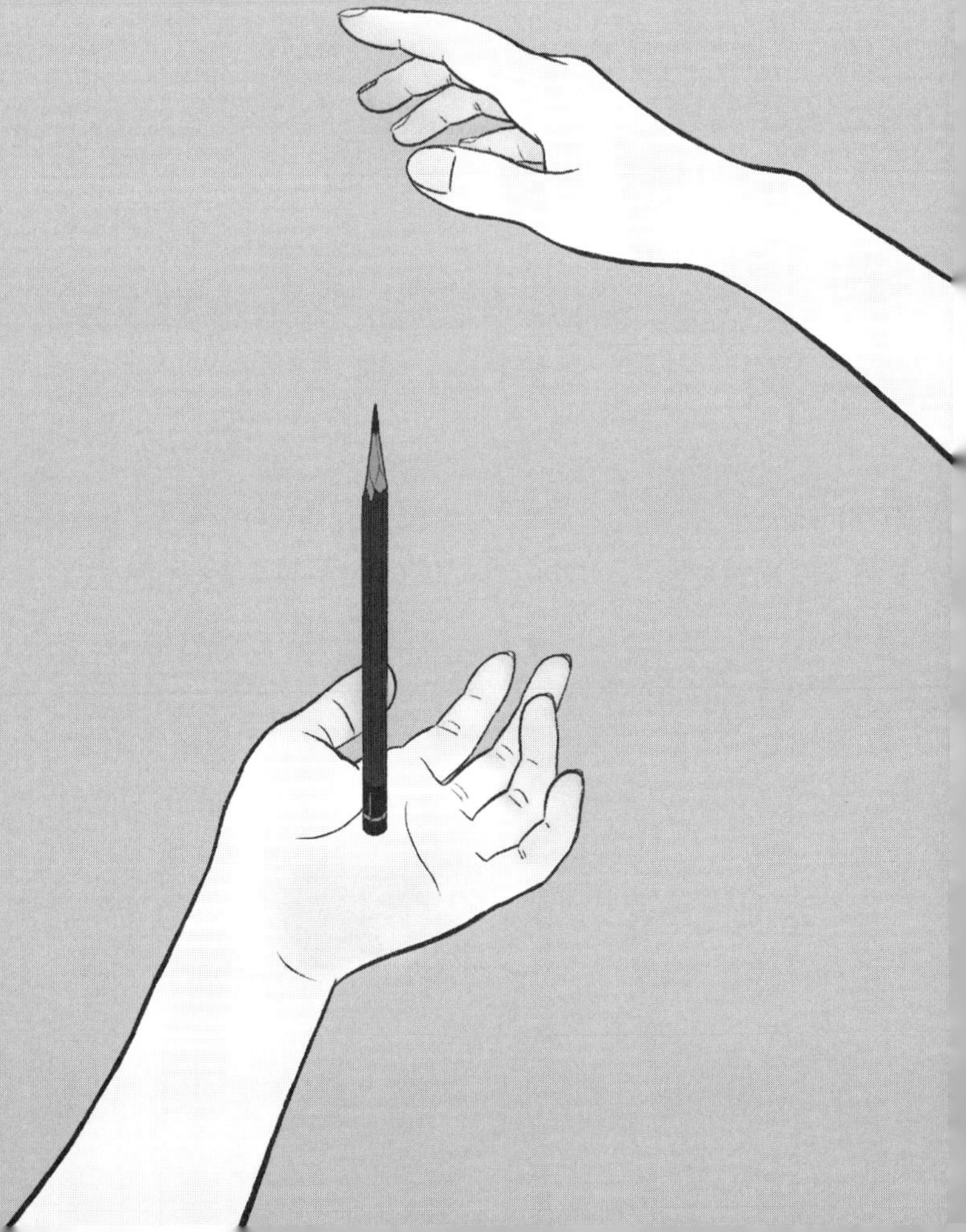

STEP 1

頭のなかは、真っ白です

自分は、なにを書きたいのか?

好きからはじめてみよう

電線愛好家
石山蓮華
ISHIYAMA RENGE

はじめて作った同人誌[*1]「電線礼讃《らいさん》」には、大好きな電線の魅力《みりょく》をこう書いた。

日本中くまなく配線された電線は一見同じように見えるが、ふと足を止めて鑑賞《かんしょう》してみるとそれぞれになめらかな曲線や力強いより線のおもしろさがあり、ひたむきに働き続ける無機物の無骨さとなまめかしさをともに感じる有機的な手ざわりを見るだけで感じることができる。

一文が長い。伝えたいことがありすぎる。そしてかなり読みにくい。熱い初期衝動《しょうどう》をそのままに、電線の素晴《すば》らしさというでかいテーマに飛び込《こ》んでいる。

その結果、電線の美しさ、インフラとしての意味合い、個人的な感覚といった別々のポイントを息継《いきつ》ぎなしに詰《つ》め込《こ》み、言葉がそれぞれの方を向いて散らかって、自分にしか意味が通らない文になってしまった。

先の文章を書いた頃《ころ》の二四歳の私には、電線の魅力を伝え切る自信がなかった。分かりやすい言葉で書くのはなんだか素朴《そぼく》すぎると思っていた節もあり、背伸《せの》びして、コテコテに塗《ぬ》り固めて雰囲気《ふんいき》を出そうと頑張《がんば》っていた。前のめりになってなんかズレるのは、今も私のクセだ。

私は電線が好きで、電線愛好家という肩書《かたが》きを名乗り、電線の写真を撮《と》ったり、電線をテーマに本を書いたり、テレビやラジオ、ワークショップなどで人に話したりといった活動をしている。つまり自分の好きなものを言葉で表現できるようになったことが、

＊1　**同人誌**｜同じ趣味を持つ人たちが集まり、自ら資金を出して製作する冊子のこと。

今の仕事の大きな柱になった。

私には、電線を愛《め》でるときにだけ開けられる心の部屋がある。それがあると知っているだけでも安心できる。好きなものをテーマに書くことは、その部屋に入る鍵《かぎ》を作るいとなみだ。

好きな理由を考えたことがなかった

電線が好きだとはじめてちゃんと言葉にしたのは二四歳のときだった。

所属事務所のマネージャーさんに「石山さんは何が好きなの」と聞かれた。電線が好きですと答えたら「えっ、どこがいいの?」と言われた。

私は小学五年生の頃、子役として働き始めた。雑誌やテレビなどにたまに出るも、売れることもクビになることもなく、大学を卒業した。

二十代前半だった頃、主な仕事は朝の情報番組のテレビリポーターだった。そこで働くためには明るく元気、爽《さわ》やかで若々しい女の子でいることが暗黙《あんもく》の了解《りょうかい》だったので、一生懸命《けんめい》に型に合わせた。窮屈《きゅうくつ》だと思いながらも衣装を着てメイクして、声を高く出し、それらしく見えるようにしゃべっていた。

人に求められ、人に好かれる自分でいようと子どもの頃から強く思うあまり、いつしか自分自身がどうしたいか、本当は何が好きか分からなくなってきていた。

電線は子どもの頃からなんとなく好きだったから、好きな理由について考えたことも、人に言おうと思ったこともなかった。「無機物なのに、有機的な線がかっこいいんです」と言ったが「うーん、全然わからんなあ」とマネージャーさんに首を傾《かし》げられてしまった。

その時はじめて、電線の良さは言葉にしないと伝わらないし、言葉にしても簡単には分かってもらえないと知った。電線がかっこいいのは口にせずともみんな知っているものだと思っていたので、その伝わらなさに愕然《がくぜん》とした。

その帰りに渋谷《しぶや》駅までの長い坂を下りながら、高校生のときにコミックマーケットへ行ったことを思い返していた。

コミックマーケットは、通称《つうしょう》「コミケ」と呼ばれる日本最大の同人誌即売会《そくばい》イベントだ。だだっ広いホールに長机がいくつも並べられ、アニメや漫画《まんが》などのファンが二次創作作品や自主制作の同人誌、グッズなどを頒布《はんぷ》する催《もよお》しである。

ものすごい活気、そして人の数だった。参加者たちは誰《だれ》かに求められて参加するのではなく、自分自身の「好き」を伝えたい一心で同人誌を作っていた。子どもの頃から人に発注された仕事に向き合っていた私にはその姿があまりにまぶしく見えた。お金のなさと熱気に気圧《けお》されたので、ほとんどなにも買えなかった。それでも楽しくて、会場をうろうろと歩いた。あるブースでは廃墟《はいきょ》や団地の写真集を並べている人たちがいた。漫画以外の同人誌を私はそこではじめて見た。

お笑いとラグビーを愛するマネージャーさんには、電線の良さがちっとも伝わらない。はじめは趣味《しゅみ》が合わないから分かり合えないのかと思った。しかし、たしかに電線のことを考えると頭のなかにいくつかの景色が浮《う》かんでくるが、自分でもそれを具体的にどう表せばいいか分からないのだ。電線はうねうねしていてかっこいい。でも本当に言いたいのはそれだけじゃない。

それで私は電線の自由研究を始めた。

電線の写真を撮り、電線について勉強し、自作の名刺を持って電気設備資材の展示会や電線工場へ行き、いいところを語ってネット配信し、文章を書いて先述の同人誌を作った。

これは「明るく元気で若い女」というパッケージングされた売り物以外の、そして世間から特に求められてもいない私を、私のために掘《ほ》り出す作業でもあった。

言葉を捕《つか》まえるために

九歳の頃から電線を眺《なが》めるのがなんとなく好きだった。

特に好きだったのは、父の会社があった東京都北区赤羽《あかばね》の電線だ。よく学校をさぼり、住宅街にあった事務所で漫画を読んだり絵を描《か》いたり、あたりを散歩したりしていた。

自宅があったのは、荒川《あらかわ》を越《こ》えた埼玉県だった。近所はのどかで、田んぼと土手が青々と広がっていた。一方、赤羽の細い路地ではそびえ立つ電柱と黒々とした電線の存在感が際立《きわだ》つ。無機質で味気ないインフラといったイメージのある電線は、じっくり眺めるとそれぞれに表情があり、生きているように見えた。

それに気付くと、街は一つの生き物のようなもので、電線はエネルギーを隅々《すみずみ》まで送る血管に、細い通信線は細胞《さいぼう》同士をつなぐ神経のように思えた。


とはいえ、これは言葉を捕まえた後の説明だ。

それまでは自分でひっそりと愛《め》でていた電線。しかし、一度電線が好きだと言うと、人から「なぜ?」と説明を求められるようになる。友達、仕事相手、さっき会った名前も知らない人、相手によっては半笑いで聞かれることもある。

好きなものを好きな理由は、言葉にしなくとも自分が分かっていればいい。けれど「なぜそれを好きなの?」と聞かれて「好きだから好きなんです」というだけではもったいない。

目の前にある電線の魅力は、私にとってはたしかなものだ。見れば分かる。けれど、人と私では同じものを見てもその見え方や捉《とら》え方がまったく違《ちが》った。だから私に見えているそのものの良さを伝えるには、言葉を使う必要がある。それなのに自分の言葉選びが拙《つたな》いせいで、電線そのものの魅力さえなかったことになると思うと歯痒《はがゆ》い。

できる限りの言葉を尽《つく》しても「全然分からない」と言われたときは、好きなものを、そして自分自身まで軽く扱《あつか》われたようでがっくりする。対象を好きでいるほど、自分自身とその対象が分かちがたいものに感じる。

電線が好きなのは「不思議ちゃん的なキャラ作りでしょ」と苦笑いされると、電線の魅力も電線を好きな人間の存在そのものさえ、いないことにされかねないのが腹立たしかった。電線が好きなのは私だけではないはずだ。会ったことのない誰かにも電線を愛でる感覚はあるはずだけど、まだ言葉にはなっていないだけだ。

しっくりくる言葉を捕まえられるまで、来る日も来る日も写真を撮った。そもそも私は電線の見た目が好きだったので、まずはここから一つずつ言葉に置き換えてみようと試してみた。写真を見返すうちに、私は電線が入った風景よりも、電線そのものの形や表面の質感を愛でているのを発見した。

電柱を見上げたときに手前にぶら下がっているくるくると巻かれた細い通信線、上の方に架《か》けられ、ぐいっと曲がった太く力強い配電線、建物の壁《かべ》に沿って伸《の》ばされたぐちゃぐちゃの配線。工業製品なのに、手作業で取り付けられるから個性が生まれる。生きものじゃないのに、生きているように見える表情がある。そしてその形の一つずつに理由がある。それがかっこよくて健気《けなげ》で大好きなのだ。

頭のなかだけにあった「好きなもの」は、写真をきっかけにして以前より具体的につかめるようになり、部分ごとにどこが好きなのか、なぜ美しいと思うのか、情念を込めてゴリゴリと同人誌を作った。

そうしてやってきた冬のコミケ当日。私が持ち込んだ同人誌は、全部で三〇冊程《ほど》だった。長机に置いた真《ま》っ赤《か》な表紙の見本誌を見て「電線ですか？」と手に取ってくれた人は、写真を眺め、文章にぱらりと目を通し「一冊ください」と買ってくれた。そうしてその日に準備した分が完売した。いま読み返すと文章は粗《あら》く、どこを取っても私らしい。

自分の言葉で電線の魅力を伝えられると、さっきまで敵に見えていた人でも仲間のように思える。とくに相手が「たしかに電線っていいかも」と笑顔を見せてくれたときにはすごく嬉《うれ》しい。誰かに求められずとも、自分自身がやりたいことに向かって手を動かしているとこれが自由なのかもとウキウキする。好きなものを愛でる自分自身のことも、背伸びせず書いても大丈夫《だいじょうぶ》かもしれないと思えた。

書かない時間も言葉につながる

その後、商業出版で電線の本を出した。そのための原稿《げんこう》を書いていたら、書くまで忘れていた思い出がいくつもよみがえってきた。

中学生の頃、私は学校に仲の良い友人が三人いた。休み時間になると私を含《ふく》めた四人で廊《ろう》下《か》の隅《すみ》に集まってわあわあとおしゃべりし、放課後も誰かの家に集まって何時間もしゃべり続けた。何の話をしていたのかは思い出せないけれど、彼女《かのじょ》たちといればいつまでも話せた。

卒業式が終わったあと、校庭はしばらく賑《にぎ》やかだった。三々五々に散っていく同級生たちは記念写真を撮ったり、名残《なごり》惜《お》しそうにしたりしていた。学校の中で気軽に話しかけられる人が彼女たちだけだった私は、式が終わってすぐにすることがなくなった。私以外の三人には私ではない友達がいて、それぞれに別れを惜しむ相手がいる。私は彼女たちが別の人と話しているときにそこへ入っていくことはできなかった。

学校を好きになれない三年間だったなと思いながら、坂をのぼって徒歩五分の自宅に帰った。電線を目でたどりながら歩いていると、電線の被覆《ひふく》のグレーと、私が着ている墓石みたいなグレーの制服は似た色なんじゃないかと気がつき、電線はずっとここにいたんだと思った。

しかし、この経験は一〇年以上も言葉にしなかった。心に蓋《ふた》をしていた訳ではない。好きなものに関する記憶《きおく》やそのきっかけでさえ、書くまでは撮ったまま見返さないでいるスマホの中の写真のように、取るに足らないものの一つだったからだ。

私はしっくり来る言葉を取り出すまで一五年以上もかかり、その年数のほとんどは電線について何も書いていない。でも、書かない時間もそれはそれで大切だ。この本の趣《しゅ》旨《し》と少しずれてしまうかもしれないが、これを読んでいるあなたも、いま焦《あせ》って書かなきゃと思わなくてもいい。言葉になっていなくとも、ただ好きでいる時間ほど豊かなものもないように思う。

好きなことを書いてみたい人へ

電線という日常の景色に溶《と》け込《こ》むくらいありふれた、誰もが知っているものであっても、自分に見えているそのものの魅力は書いてみないと形に残せない。書いてみるまで見えていない部分というのはたくさんあり、忘れてしまうことも、急に思い出せることもあるのが面白い。特に私は何でもかんでもすぐ忘れるが、電線をきっかけにして昔の自分自身に再会できる瞬間《しゅんかん》があった。

好きなものをテーマに文章を書くと、もうよく知っている、よく見ていると思っていたもの、すなわち自分自身のことが見える。

だから、何かを書くにあたりどんなテーマがいいか思いあぐねている人、自分のことを知りたい人には、まず好きなものをテーマに書きはじめることをおすすめしたい。

書いている間、書かないで考えたり忘れたりしている間、面倒《めんどう》さと大変さと悔《くや》しさなども押《お》し寄せてくるけれど、やっぱり楽しい。満足いくような文章が書けると、もっと楽しい。

好きなものについて書けるようになると、途端《とたん》に世界が広がっていく。人に伝えるために書いた言葉は、自分がものを見るときにもとても役立つ。自分の内面が外に出て来て、見えるようになるからだ。だから、いつか気が向いたら好きなものをテーマに書いてみてほしい。私は好きなものをテーマに書かれた文章を読むのもまた好きなのだ。

石山蓮華（いしやま・れんげ）

一九九二年生まれ。電線愛好家としてテレビ番組や、ラジオ、イベントなどに出演するほか、日本電線工業会公認電線アンバサダーとしても活動。TBSラジオ「こねくと」メインパーソナリティ。俳優としての主な出演に、TXドラマチューズ！「日常の絶景」想田ひとみ役、映画「思い出のマーニー」絵美里役など。文筆家としての著書に『電線の恋人』（平凡社）、『犬もどき読書日記』（晶文社）がある。

スーパースター

芸人
国崎和也
KUNIZAKI KAZUYA

やあ！初めまして。本当の芸能人、大スター。ランジャタイの、国崎和也でござんす。ハッキリ言おう。君たちは幸せ者だ。こうやって、芸能人のボクが直々に話しかけてあげてるんだから。もうね、君たちが想像している何倍もね、ボクは大スターなんだ。それだけはわかってほしい。君たちが大概《たいがい》信じる「努力や根性」では到達《とうたつ》できないところに、ボクはいるよ。才能と顔がすべての芸能界にいる、偉大なるスーパースターなのさ。

そんなボクが今、多忙《たぼう》中の中！君たちに話しかけている!!それだけはわかってほしい。
あぁ～忙《いそが》しい！寝《ね》る暇《ひま》がないっ!!あっ、ちょっと待って！マネージャーから電話だ。
『はい！もしもし、マネージャー？うんうん、缶コーヒーのCM？大谷翔平《おおたにしょうへい》と？うーん、どうしようかなあ、ギャラは？…一千万？…安いなあ！断っといて！』
いや、ごめんごめん、私用でね。ああ～忙しい！

さあ、話を戻《もど》そうか。

あらためて、「九歳《さい》」と、「一歳」の子に向けて、メッセージを送るね！
ごめん！今回話がきたのは『一四歳の子たちへアドバイスください』とのことだったのだけど、もう！ね！気分が乗らないから、九歳と、一歳にメッセージ送るね！

まず九歳へ！

小学で言うと三年生かな？ハハハ、まあ、がんばれ～！

え〜次！

一歳へ！

生まれてまだ一年。人生これからじゃないか。そう落ち込《こ》むことないし、泣くことないよ。さあ、涙《なみだ》を拭《ふ》いて。踏《ふ》ん張《ば》ろう。まだ言葉覚えたてで、周りに伝わらないもどかしさがあるのはわかる。ただこれから上手になっていくから、一歩一歩、自分のペースでやっていこう！焦《あせ》ることはないんだよ。パパやママもついてるし、周りを見てごらん。君の年齢《ねんれい》の子たちはみんなそうだよ。全員、何言ってるかわかんない子たちだらけなんだから、大丈夫《だいじょうぶ》。自信を持って。あと、離乳食《りにゅうしょく》がマズイのもわかるよ、俺《おれ》もそうだったから…懐《なつ》かしいなあ。本当はカツ丼《どん》とかすき焼きとか、美味《うま》いモンいっぱい食べたいよな…毎日ミルクは飽《あ》きるよな…それももうちょいの辛抱《しんぼう》だ！そしたら色々食べれるようになるから！まだ世の中難しいこともあると思うけど、そんなもん慣れなんだから、頑《がん》張《ば》れ！一歳の次は二歳だぞ！いったれ〜!!オムツとかもあれか？まだ取れない感じ？不安か？でも、いつか取れっからさ！いったれ〜!!エイエイ!!オ〜!!気を大きくもって、俺のようなスーパー芸能人にはなかなかなれないと思うけど…頑張って！

フレーーーーっ！

フレーーーーーっ！

一っさっ　　い！

フレっ　フレっ　一歳っ！

がんばれ！がんばれ！

一っさっい！

負けるな負けるな！一歳っ！

ワーーーーーーーーーーーーーー！

えーさてさて、ここいらで次のページにどデカく、好きなお寿司《すし》のネタを発表しようと思います！

ボクの好きな寿司は…

あっ、
やっぱり好きな動物にします！

犬

です！

国崎和也　38

あと、好きなお寿司はアナゴです！

はてさて、実はあたくし文章というか、文字があまり好きではありません。なんだコイツ!?となってると思いますが、本当なんだモン!!子供の頃《ころ》から「文字とはオサラバ」「文章だけの本って、マジ☆キモ」「将来ぜったい関わらないで賞」そう謳《うた》っていた自分が、文章のお仕事を頂いているので、なんだか不思議な気持ちでいっぱいでぇ〜〜す!!それほど文字やら勉学やらは無縁《むえん》で生きてきました。奴《やつ》らとは絶交しているのです。

君たちは文章を書くの好きか!?言葉を伝えるのが好きか!?めちゃくちゃめんどくさくないか!?ひたすら文字を書いて、人様に見せて！その先に何がある!?な〜んもないよ!!な〜んも!!なっにっ！も！ない!!ひぃいぃ大変だ!!君たちの文章を見て、良いね！とか、ふ〜ん、とか、考える人や、賛《さん》やら否《ひ》やら、そんな連中がいるだけ!!…ね？そう思わない？『確かに、文章書くの苦手だし、なんか好きじゃないかも…』そうなった君！やめちゃお！もっと楽しいことは山ほどあるんだから!!映画とか見に行っちゃお！そのほうが絶対いい！だいたい世の中「ありがとう」「おはよう」「おやすみ」「OK！」「NO！」「好き・嫌い」「アハハ！」くらいでよくないか!?…よくないか！アハハ!!

ただ、もっと楽に伝わる『テレパシー』みたいなのがあればな〜！とかは思っちゃう。言葉よりも便利な、な〜んか素敵《すてき》なやつがあればなって！

このあいだ十数年ぶりくらいに、中学校の友人と会ったんだ。ちょうど君たちの年くらいから知り合いだから、かれこれもう二〇年来の友人になるね！その頃は毎日遊んでいたけど、高校を卒業して、東京に来てからは、ほとんど遊ばなくなった。あんなに毎日遊んでいたのに、だよ？

ほんでこのあいだ会ったときに、その友達は少し疲《つか》れた様子で、人と会うのが辛《つら》い状態なのだと知った。それでも自分と会ってくれた。彼がポツポツ話してくれて、お互《たが》いこれまでのことを話し、それから懐《なつ》かしい話に花を咲《さ》かせて『あれはバカだったなあ』『あの時はこうだった』『あったあった！』などと、会っていなかった十数年を取り戻《もど》すかのように、当時の話をして、笑って、お互《たが》いに今を忘れて、あの頃《ころ》に戻ったようだった。本当に楽しかったよ。最高の時間だった。帰り際、その彼《かれ》から「もう会えない」と言われた。決して嫌《きら》いになったわけではないけど、いろいろあって、人と会うのが、今はすごく難しい。できないんだ。でも悪く思わないでくれ、元気でやってくれと。

「元気でね、ありがとう」と。

君なら、どうする？あんなに遊んでいた友達が、少し疲れた様子で、それでも誠意をもってこっちに伝えてくれた言葉に、君なら、何て答える？

難しいのが、中学校の時のノリじゃないってことなんだ。うぃ〜！とノリノリで肩《かた》を組む空気感じゃないし、久しぶりに会ってるから、真面目に話す気遣《きづか》いもぎこちなく、やっぱりあの頃には戻れないんだ。どうやっても、戻れない。君たちが今、毎日遊んでいる友達との空気感には、どうやっても戻れないんだ。それに気づくんだ。なんにも出てこない。言葉が詰《つ》まって、伝えたいことがありすぎて、何も伝えられない。

そうか、そうか。…それじゃあ…お元気で。ありがとう。ね。ありがとう。ね。

はたふたして、帰り道。夕暮れの、田んぼの匂《にお》いがする、田舎《いなか》道。この年になっても運転免許《めんきょ》なんか持ってないから、自転車で帰っている。あの頃と同じ、中学の頃アホほど通った道を、また自転車で。しばらくして坂道を立《た》ち漕《こ》ぎでギコギコ登って、天辺《てっぺん》について足をハの字にしてシャーとしながら、いろいろ考える。風が気持ちよく顔にあたる。あれから二十数年経《た》った。あの帰り道の続きが、こんな帰り道になるとは思ってなかった。あの頃と今は、何が違《ちが》うんだろうか。絶対に何も変わってないけどな。

なーんにも。絶対に。

あの頃からじゃがりこはサクサク、コアラのマーチはいちご味。チョコあ～んぱんは甘《あま》いし、紗々《さしゃ》は高くてなかなか手が出ない。ピザポテトはパーティ開けにして、プレステ2を起動する。宿題なんか忘れて、地球防衛軍をやる。お昼過ぎ、トントン包丁、台所からいい匂い。友達ん家のカレーが一番うまい。麦茶を片手に、漫画《まんが》を読む。外に出て、山道を登って、行ったことないところに行こう。せっかくだから、一生はしゃごうぜ、なぁ!?友達よ。それだけは伝えたい。行ったことないところに行こう。

もうすぐ坂道だからあらかじめスピードを上げる。この風圧で全部吹《ふ》き飛ぶといいな。もっと楽に伝えられるテレパシーみたいなのがあれば最高だ。言語を超《こ》えられる何かがあれば。君たちもそう思わないか?文字や文章には限界があると思うんだ。君たちは本が好きなんだろう?言葉が好きなんだろう?スーパースターのボクは本が苦手で言葉が嫌いだ。言葉では言い表せない、わけのわからない面白さにこそ、答えはあると思う。そんなボクから君たちへ教えられるものは何一つないから、好きにやってほしい。

坂道を登ったら天辺に行って、下りにまかせて漕ぐのをやめる。それでも自転車は加速していく。目の前の景色が、風ごとこっちに走ってくる。なんて風景なんだ、最高だ。この瞬間《しゅんかん》を、いつか君たちにも。全部吹き飛ぶといいな。

国崎和也（くにざき・かずや）

一九八七年、富山県氷見市出身。お笑い芸人。高校卒業後、芸人になることを志して上京し、ＮＳＣ吉本総合芸能学院東京校へ入学。同期として親交を深めた伊藤幸司とＮＳＣ自主退学後の二〇〇七年、お笑いコンビランジャタイを結成。二〇二一年、Ｍ-１グランプリ2021にて初の決勝進出。現在はグレープカンパニー所属。著書にエッセイ集『へんなの』（太田出版、名義は「国崎☆和也」）がある。特技はバスケットボール、趣味は漫画。

YouTube「ランジャタイぽんぽこちゃんねる」

https://www.youtube.com/channel/UCibam-bOm9nTzkg1NRFBj6w

書くのって、そんなに大変なことなのか

ライター
武田砂鉄
TAKEDA SATETSU

物書きって、しんどそうですか？

映画やドラマで漫画家《まんが》や小説家が登場すると、その人は大抵《たいてい》、描《か》く・書くのがしんどそうにしている。いいアイディアが出てこない。書き出しが思いつかない。ひとまず椅《い》子《す》に座《すわ》ってパソコンの画面を眺《なが》めたり、紙にラフを描き始めたりするものの、うまくい

かない。紙をクシャクシャにして椅子の後ろのほうに向かって投げている。こんな人いるんだろうか。少なくとも破ってゴミ箱に捨てるんじゃないか。あるいは、そのアイディア、意外と使える可能性もあるので、ひとまずとっておくんじゃないか。作品のリアリティを厳しく問いたいわけではない。どうやら、描く・書くって、それくらい大変な仕事だと思われているらしい。自分は漫画家ではなく物書きなので「描く」ではなく「書く」に絞《しぼ》るが、書くのは大変だと思われている。書くのが仕事なので、確かに毎日、大変だな、面倒臭《めんどうくさ》いな、と思いながら書いているけれど、この大変や面倒って、どんな仕事にも共通するはず。

パン屋さんの一日を追ったドキュメンタリー番組を観《み》た。午前一〇時の開店に向けて、パン作りを始めるのは確か早朝四時。まずは店主がひとりでやってきて、各種の下準備をする。それなりにめどがたった辺りの時間帯にスタッフがやってきて、開店時間に向けて、一気に作っていく。人気のパン屋さんなので、開店から数時間であらかた売り切れてしまう。こんな日々を繰《く》り返していく。大変そうだな、面倒臭そうだな、と思いながら観終わる。狭《せま》い厨房《ちゅうぼう》に限られた人がいたら、誰《だれ》かとの仲が上手くいかないだけで殺《さっ》伐《ばっ》としてしまうんだろうな、強めのオナラをしたら誤魔化《ごまか》すのが大変そう、ちょっとした体調不良では休めなさそうだけど、かといって、それで全体に風邪《かぜ》をうつしてしまったら厄介《やっかい》なことになりそう、などと思う。とにかく大変そう。

でも、パン屋さん自体がその番組を観たら、いや、そんなに大変じゃないよ、って言うんじゃないか。日々繰り返している中で、よりよい作り方を模索《もさく》してきたし、確かに朝は早いけど、逆に言えば昼すぎにはおおよその仕事が終わるし、なんて返ってくるのではないか。どんな仕事も大変だし、大変ではないし、楽しいし、楽しくはない。文章を書く仕事は、必要以上に尊いもの、クリエイティブなものとされすぎているのではないか、と感じてきた。なぜなら、パンと違《ちが》って文章は、学校に通っていれば否応《いやおう》無しに書かされるし、学校に行かなくなっても何かしら書かされる機会があるし、誰かが書いた文章を本屋さんでわざわざ買わなかったとしても、何も読まずに暮らすのは難しい。「パンを作った経験」よりも「文章を書いた経験」のほうが、圧倒《あっとう》的に共有しやすい。

共有しやすい上に、かなり早い段階から「文章書くのって、大変だよね」となりやすいのは、読書感想文を書くのに四苦八苦したり、その日の夜に書かなければいけない絵日記を二週間分ためこんで捏造《ねつぞう》に励《はげ》んだりした経験があるからだろう。その結果、友だちと遊べなくなったり、親に叱《しか》られたりしたかもしれない。真っ白な原稿《げんこう》用紙に言葉を埋《う》めていかなければいけないプレッシャー。言葉を埋め始めたけど、まだめちゃくちゃ先が長いプレッシャー。埋まったことは埋まったけれど、内容として納得がいかないプレッシャー。こういった過程に疲《つか》れてしまう。苦手意識が高まる。その結果、「書くってすごい」になりやすい。自分はパン屋に苦手意識はないのだが、それは、苦手になるほどパン作りを知らないからである。文章の場合、そういう距離《きより》感ではいられない。おおよその人が近い。自分は苦手なのに、この人はたくさん書いている、だからすごい、となりやすいのが書く仕事の特徴《とくちょう》なのだ。

厨房の裏で考えてみる

自分のSNSなどを見れば、どうやらたくさんの締《し》め切りをこなしている人だとわかるので、それを知った人から「よくそんなに書けますね」と言われる。どれくらいの仕事をしているのだろう。今、パソコンのデスクトップに並んでいる、媒体《ばいたい》ごとのフォルダの数を数えてみたら、二四媒体に定期に原稿を書いているらしい。週刊誌の連載《れんさい》もあれば数ヶ月に一回の媒体もあるので、頻度《ひんど》はそれぞれ異なるが、こんなにたくさん書いているのかと驚《おどろ》かれるだろうし、自分でもこうして数えたら驚いてしまった。

それでも書いている。締め切りが来るので書いている。新しい依頼《いらい》があれば、それも喜んで書く。書いて、送って、校正刷りをチェックして、掲載《けいさい》される。大変な仕事だが、どんな仕事も大変である。開店前にパンをいくつも揃《そろ》えるのと、締め切りに合わせて長い文章を書くのはどちらが大変なのか。どちらも大変である。パンとペンを投げ合って、自分たちのほうが大変だとやり始めても、結論は出ない。なにかを作り出す行為《こうい》って、そう簡単に比較《ひかく》してはいけない。

そのくせ、なぜかパンの話を持ち出してしまった以上、そのまま比較していこうと思う。パンをいくつも作る人の頭の中には、売れるパンと、もっと売りたいパンと、新しいパンと、考え中のパンなどがあるはず。「あそこのメロンパン食べると、マジで、他のメロンパン、食べられなくなっちゃうから！」的な口コミでメロンパンが人気になった場合、そのメロンパンを作るのをやめるわけにはいかない。メロンパンを作りながら、「でも、あそこのお店って、メロンパンだけじゃん！」にならないように、他のパンの売り出し方を考える。「あそこの店って、メロンパンだけだと思われがちだけど、クリームパンこそが真骨頂だと思う！」などと言ってくれる人が出てくると、パン単体ではなくお店全体の評判が向上していく。

職業として文章を書き続けるのも、これと同じようなものだ。自分にとってのメロンパンが出来上がる。それを興味深く受け取ってもらう。どうしても、それに関連する文章が多くなる。それだけではいけないと、こういう文章も書けますよとアピールする。厳しい読者から、「やっぱ、この人、最初の方向（メロンパン）がいいよね、っていうか、それだけだよね」と言われる。そんな感想を目にしながら、引き続きメロンパンを出しつつ、クリームパン作りに励《はげ》む。こっちもいいよ、と言う人がようやく現れて、メロンパン依存《いぞん》を脱《だつ》する。思いつきで「次はメロンクリームパンはどうでしょう」みたいな提案をしてくる人が現れる。話を聞き、さすがにこれはやめておこうと断る。断りながらも、「場合によってはそれもありかもしれない、いつ、誰とやるか次第だな」と頭の中にストックしておく。

「需要《じゅよう》」と「思い」と焼き上がり

自分の頭の中はこんな感じだ。パン屋でたとえたけれど、実際にパン屋と変わらない。精一杯《せいいっぱい》メロンパンを作りながら、空いた時間に別のパンを考える。その繰り返しである。ライバル店もどんどん出店していく。どんどん閉店していく。そんな中、なんとか店を運営していく。文章を書く時には、自分の気持ちを吐《は》き出さなければいけないとされる。胸に手を当てて、その中にあるものを形にするように促《うなが》される。そのくせ、こういう文章が良いとされる典型がある。多くの人が読書感想文に苦しむのはこの点で、「あなたが思っていることを書いてください」と「こういう感じのことを書くのが求められています」がぶつかって、どれくらいの配分で書けばいいのかわからなくなる。苦手になってしまう。

読書感想文に限らず、どんな文章でも「需要」と「思い」がぶつかっている。一昨日書いた雑誌原稿も、昨日書いた単行本用の原稿も、そのぶつかり合いが脳内で起きていた。最適配分が決められているわけではない。その都度考えて、しっくりきたり、しっくりこなかったりする。締め切りが来たので送る。後悔《こうかい》したり、しなかったり、それを繰り返していると、季節が変わり、一年が終わり、また春がやってくる。

文章を書くためには、まず、もろもろ、「見つけなければいけない」とされている。テーマ、主張、エピソード、書き方、結論などなど。これが見つからない時にどうすればいいのか、この本はそのヒントを求められている本なのかもしれない。それに答えるとするならば、「そんなの知らない」に尽《つ》きる。やたらと冷たい返しだが、そんなの知らない。でも、そんなの、特に決まっている必要はないのである。「思ったことを書きましょう」という、ものすごく中途半端《ちゅうとはんぱ》で適当なアドバイスがある。これをもっと幅広《はばひろ》い言い方にすると、「ずっと思ってきたことを書きましょう」だけではなく、「今、思いついたことを書きましょう」にもできるし、「日頃《ひごろ》は絶対に思いつかないことを書きましょう」とひっくり返すこともできる。そっちのほうがいい。誰かをいたずらに傷つけるものではない限り、「思ってもいないことを書きましょう」だって構わない。

文章を書くのは自由だ。自由だけど、「自由とは、何をしてもいいというわけではなく、自分なりに自由とは何かを考えることです」（自分が通っていた中学校の先生の口癖《くちぐせ》）が自由ってことらしいので、自由に自由を考えて自由に書く。自分は文章を書いてお金をもらって生活をしているので、自分の思いを自由に膨《ふく》らませながら、ここにはどんな需要があるのだろうかと考える。なぜって、仕事だから。この社会の問題点について書いてくださいと言われて、最近、自宅のトイレのウォシュレットの勢いが弱くなってきてしまった話を書くわけにはいかない。一部の政治家が裏金を作っていて、それがバレてしまったのに、責任をとらずに開き直っている問題について書く。書き終え、読み直すと、書いた内容はその通りなんだけど、イマイチ面白くない。何かしらの変化が必要ではないか。

だとすると、ウォシュレットの勢い不足を政治腐敗《ふはい》とくっつける方法はないかと考える。どんなものでも買ったばかりの時は完璧《かんぺき》な状態だが、使いすぎると性能が落ちたり、壊《こわ》れたりする。政治家もウォシュレットも同じだ。定期的に点検しなきゃいけないし、場合によっては買い換《か》えなければいけない。うーん、どうだろう、この政治腐敗×ウォシュレットの掛《か》け合わせ、面白いんだろうか。もう一捻《ひとひね》りしたほうがいいんだろうか。それとも、これくらいハッキリとした比較のほうが伝わるんだろうか。日本へやってきた外国人観光客の多くはまずホテルのウォシュレットにやたらと感激すると聞いたから、こんなにわかりやすい政治腐敗は、外国だったら一発アウトになるみたいな展開はどうか。それはさすがに強引か。話が違《ちが》いすぎるか。

こんな感じで「需要」と「思い」をぶつけながら文章を書いている。その繰り返しで文章を書き、発表し、読んでもらい、読んでもらった編集者から依頼《いらい》が来たり、トークイベントにお客さんが来て、「こっちの本はまだ読んでいなかったので」と昔の本を買ってくれたりする。そうやって、また次の文章を書く機会がやってくる。この文章だって、編集者からの依頼文に、十代の人たちに向けて、自分なりの表現で書く方法について思うところを書いてください、とあったので、そこから膨らませるように書いている。おそらく自分に求められているのは、その依頼に素直《すなお》に応えるのではなく、少し角度を変えて、企画《きかく》自体を疑うような視点を注ぐのがいいのではないかと「需要」を捉《とら》える。その「需要」に対して、自分の「思い」をまぶしていく。今回、ある程度長い文章なので、その二つは溶《と》け合っているというか、書いている自分でも配分がわからない状態になったので、これでよしとしたい。毎日、こうやって文章を書いているのです、と結論を出したいところだが、正直、毎回違うので、今回はそうだった、と伝えるだけにとどめておきたい。

武田砂鉄（たけだ・さてつ）

一九八二年生まれ。大学卒業後、出版社で主に時事問題・ノンフィクションの編集に携わり、二〇一四年よりフリー。著書『紋切型社会：言葉で固まる現代を解きほぐす』（新潮文庫）で二〇一五年に第二五回Bunkamuraドゥマゴ文学賞、二〇一六年に第九回（池田晶子記念）わたくし、つまりNobody賞を受賞。多くの雑誌で連載をもち、インタビューを行うほか、TBSラジオ「武田砂鉄のプレ金ナイト」、文化放送「ゴールデンラジオ」に出演中。

踊り場

どうして、書くんだろう？
――「書く」の面白さを考える

文章って、書けば書くほどわからなくなる。

「はじめに」で私はそう書きました。

そこで気づいたことがあります。そういえば、私は「書くことが退屈《たいくつ》」とは、思ったことがないかもしれない……。

うまく書けなくてつらいとか、面倒《めんどう》くさいと思うことはよくあります。だから

いつでも「楽しい」わけではないのですが、「面白い」とは常に感じています。

この面白さって、一体なんなのだろう？　どうして飽《あ》きずに書き続けているんだろう。「はじめに」では「自分なりの正解に近づいていく喜び」とも書いたけれど、具体的にどういうことなのだろう？

それを把握《はあく》すると、この本に登場する皆さんの考えへの理解が深まり、さらに文章が書きやすくなるかもしれません。そこで、私自身を例に少し考えてみることにしました。

書くのが好きな人も、まだなんとなく気になっているだけの人も、「自分はどうだろう」と考えながらお付き合いください。

内面と向き合い、気持ちが整理できる

言葉にならない感情を書き出すと、それだけで少し心がすっきりして、頭も整理されます。私にとって「書く」ことのはじまりは、こうした自分と向き合う作業でした。

私が自発的に文章を書きはじめたのは一五歳《さい》のときです。動機はもう忘れてし

まいましたが、高校の入学式の前日から、ノートに日記をつけるようになりました。

最初は「入学式があった」「帰り道の方向が同じ友達ができた」みたいに、その日あったことを短く書いていただけでした。それが次第に、自分が感じたことや考えたことを書くようになっていきました。

この頃の私は、友人との会話で聞き役にまわることや、その場の空気を読んだ発言をすることがよくありました。それから私はゲイなのですが、当時はそのことを友人や家族に言えず、嘘《うそ》をついてやりすごすこともありました。

その瞬間《しゅんかん》は楽しい気分だったり、うまく受け流せたと思ったりしています。でも、帰り道などで一人になると、さっきのことを思い出してモヤモヤしてきます。「本当は、自分はどう思ったんだろう」。ある時から、そう問いかけるように日記を書くことが増えていきました。

といっても、「自分がどう思っているか」なんて、いきなりわかるわけではありません。「モヤモヤする」と書くだけなら簡単だけど、それは悲しいのか、寂《さび》しいのか、怒《おこ》っているのか、嫉妬《しっと》しているのか。嫉妬しているのだとして、それは誰のどんな振《ふ》るまいに対してなのか。そんなふうに問いかけながら手探《てさぐ》りで進んでいく、地道で時間のかかる作業です。

だけど一つ一つ問いかけて、確かめながら少しずつ実感を知るプロセスには、自分の感じ方がかたちになっていくような喜びがありました。

言葉で世界を観察し、深く知る

次に、自分の感じ方（内側）から離《はな》れて、世界（外側）に目を向けることで得られる面白さもあります。映画の考察、数学の不思議、社会問題、あの人の周りにはなぜ人が集まるのか……書くべき価値のあるテーマは無数に存在しています。

自分の感じ方について書くときは、「そう思ったから」という主観を使って話を組み立てることができます。一方、世界について書く場合「そう思ったから」ばかりでは説得力のある文章にはなりません。第三者による記録やデータに基づいた事実、学問的な知見など、客観的な根拠《こんきょ》を積み重ねていく必要があります。

客観的な根拠を探すのは大変ですが、それゆえのやりがいもあります。主観の場合、一度「そう思った」としても、時間が経《た》つと「やっぱり違《ちが》うかも」と感じることがありますよね。ぐにゃぐにゃと変化し続ける自分の気持ちを追いかけるのは骨が折れるし、そのうちにかえってわからなくなってしまうこともあります。一方、資料などから見つけた客観的な根拠は、そう簡単に揺《ゆ》らぐことはありません。

「巨人《きょじん》の肩《かた》の上に立つ」という言葉があります。先人が着実に積み重ねてきた学問や技術の成果にもとづいて、新たな発見をすることの喩《たと》えです。観察して、根拠を探して、視野を広げてさらに観察して、また根拠を探して……その繰《く》り返しによって誰もが納得できる筋の通った論を組み立てるのは、まさにこの巨人の肩の上に立つことでもあります。その肩の上からは、自分一人では決して辿《たど》り着けなかった景色が見えていることでしょう。

「伝える」と「表現する」が混ざり合う

ここまでに挙げたのは主に「何を書くか」についてでした。ここからは、「どう書くか」についてです。

私は「表現したい」と「伝えたい」という、二つの思いを組み合わせながら文章を書いています。それぞれの思いは、

表現したい……書くこと自体が目的、その意味や魅力を自分が知りたい
伝えたい……書くことは手段、その意味や魅力を人と共有したい

とも言えるでしょうか。赤い絵の具と青い絵の具を混ぜて理想のむらさき色を作るように、二つがイメージ通りに混ざり合った文章を書こうとしています。その作業を一文単位でも、文章全体においても繰り返しています。

私の書き方を具体的にみてみましょう。例えばすごく好きな曲があるとします。その曲について書くとき、「魅力《みりょく》をもっと言語化したい」という気持ちと、「この曲を誰《だれ》かに知ってほしい」という気持ちを調整しながら、最適なバランス＝自分なりの正解を目指しています。

その曲のピアノの音が特に気に入っているとして、「小さな星が楽しそうに跳《は》

ね回っているみたいなピアノ」と書いたら、どうでしょうか？

表現として自分自身がしっくりきているなら、それで十分だと思います。しかしちょっと抽象的で、人によってはよくわからないと感じてしまうかもしれません。この魅力を共有したいなら、伝えるための言葉に翻訳する必要がありそうです。

そこで、「小さな星」「楽しそうに跳ね回っている」と感じた理由を考えてみます。どうやら、澄《す》んだ高音がリズミカルに鳴っているから、そう思ったみたいだ。そこまでわかったら、今度は星のイメージと合体させてみます。

「ピアノの澄んだ高音がリズミカルに鳴っている。小さな星が楽しそうに跳ね回っているみたいだ」。こう書けば、音楽の話をしていることがすぐわかりそうです。でも、「小さな星が楽しそうに跳ね回っている光景が浮《う》かんだ。それは、ピアノが澄んだ高音をリズミカルに奏《かな》でているからだった」としたほうが、自分の感じ方に近いかもしれない。今回の文章で書きたいのは、書くべきなのはどれだろう？……そんなふうに、「表現できているか」と「伝わるか」の間で揺れながら考えていると、時間はあっという間に過ぎていきます。そうして言葉を組み立てたり入れ替えたりして、「これだ」と納得できる文章が書けたときには、何にも代えがたい喜びがあります。言葉で「理想のむらさき色」を作ることが、私にとっての書く面白さです。

書くことはいつも（仮）だけど……

気をつけたいのは、すべてを言葉にできるわけではない、ということです。何かを言葉にするとき、その背後には膨大《ぼうだい》な「言葉にならなかったこと」があります。「言葉にできた」と思っても、それは言葉にならないことを切り捨てた結果かもしれませんし、後から振り返って読んだときに「やっぱり、違う」と思うこともあるでしょう。

書かれた文章は、完成して世に放ったものであっても、末尾に透明《とうめい》な文字で（仮）とついているようなものなのだと思っています。だから同じテーマについて書こうとしても、一年前と今日ではまったく違う内容になるかもしれません。昨日と今日なら内容は同じかもしれませんが、それでも体調や気分によって、文章のリズムや重視するポイントがきっと微妙《びみょう》に変わってくるでしょう。

書くことは一回性が強い試みで、言葉は常に何かを捉《とら》え損なっている。それでも、現時点での何かを捉えることはできる。その終わりのなさも、「書く」に飽《あ》きない理由かもしれません。

「書き方」を教えてくれる皆さんの文章には、その人が書く理由や、書くことの面白さが綴られたものもあります。自分は書くことの何が好きなんだろう？　どんなふうに書きたいんだろう？　考えながら読み進めてみてください。


（小沼理）

STEP 2

「わたし」は
どこにいるのでしょう?

自分の
感じかたを知る

WORLDLY WISDOM
FOR 14 YEARS OLD

「わたし」のことがいちばん書きにくい

文学紹介者
頭木弘樹
KASHIRAGI HIROKI

自分のことを書こうとしたら書けなくてびっくりした

何か書くときに、いちばん身近にあって、いちばんくわしく知っているのは、自分のことだ。

遠い国の、ちがう時代の、よく知らない人のことを書くよりは、どうしたって書きやすそうだ。

ところがである。じつは、「わたし」のことを書くのがいちばん難しい。

そのことを私は実際に体験した。

私はもともとカフカやゲーテの本を書いていた。遠い国の、ちがう時代の、よく知らない人たちのことだ。だから、何を書くにもいちいち資料を調べないといけない。これがなかなか大変だ。たとえば「カフカは『男だから』『女だから』という言い方をまったくしていない」という一文を書くだけでも、カフカの書いたものをすべて読まなくてはいけない。ものすごく手間がかかる。ゲーテとなると、長生きして書きまくったので、ヴァイマル版の全集は一三三巻、一四三冊もある。すべて確認するのは至難《しなん》の業《わざ》だ。

あるとき、『食べることと出すこと』（医学書院）という、自分についての本を書くことになった。私は二十歳《はたち》で難病になったので、その体験記だ。これはある意味では楽だと思った。なにしろ、なんにも調べなくていいのである。資料を集める必要さえない。自分のことなのだから、自分がいちばんよく知っている。人から「それは間違《まちが》いだ」と指摘《してき》される心配もない。一行ごとに資料調べをするような書き方に比べて、すいすい書けると思った。

ところが、まったく書けなかった。つまりまくって、ぜんぜん進まなかった。

なぜか？　何が面白いのか、何が面白くないのか、自分ではまったくわからないからだ。カフカやゲーテのことなら、「このエピソードは面白い」とか「この言葉は感動的だ」とか感じる。だから、それを紹介《しょうかい》すればいい。しかし、自分のこととなると、どんなことに他の人も興味を持ってくれるのか、くれないのか、よくわからない。書いていて、「これは、自分にとっては大きな出来事だけど、他の人にはどうでもいい話かな？」などと思い始めると、迷いが生じて、とても書いていられなくなる。

つまり、自分のことは客観的に判断できないので、それで書くのが難しいのだ。カフカやゲーテのことを書くほうが、ずっと楽なのだ。これは意外だった。

けっきょく、『食べることと出すこと』を書き上げるまでに、五年もかかってしまった。

その五年の間に気がついたことを、今回少しだけご紹介したいと思う。

クローズアップとロングショット

私の知り合いに、出版社で自費出版を担当していた人がいた。自費出版には自伝が多かった。その人は「自伝はつまらない」と嘆《なげ》いていて、ついに体調を崩《くず》して会社を辞《や》めてしまった。辞めたら、体調は回復した。よほど自伝を読むのがつらかったらしい。

なぜ自伝はそんなに面白くないものが多いのか？

ひとつには、先に書いたように、書いている当人には、自分の話のどれが面白いか、どれが面白くないか、判断ができないからだ。日常の会話でも、どうでもいい自分語りを長々とされて、うんざりした経験のある人は多いだろう。しかし、どうか勘弁《かんべん》してあげてほしい。自分ではわからないものなのだ。

では、そういうことにならないようにするには、どうしたらいいのか？

私がいちばん参考になったのは、「人生はクローズアップで見れば悲劇　ロングショットで見れば喜劇」というチャップリンの言葉だ。

チャップリンが子どものころ、近所に食肉加工場があって、ある日、そこから羊が一《いっ》匹《ぴき》、逃《に》げ出した。つかまえようと追いかける人たちが転んだり、羊がはねまわったり、それを見ている人たちがはやしたてたり。チャップリンは大笑いしながら見ていたそうだ。

ところが、ついに羊がつかまって、食肉加工場に連れていかれるときに、子どものチャップリンは、はたと気づく。羊は殺されてしまうのだ。チャップリンは今度は泣き出してしまった。

羊自身には大変な悲劇なのだが、外からそれを見るものには喜劇だったわけだ。つまり、対象との距離《きょり》のとり方によって、同じ出来事でもぜんぜんちがってくる。

私たちは自分のことを書くときに、どうしてもずっとクローズアップで書いてしまう。それが自然なことだから。

しかし、そこをあえて、ロングショットを意識しながら書いてみるのだ。そうすると、ある程度、自分を客観視することができる。私の場合で言うと、闘病《とうびょう》記をずっとクローズアップで書けば、それはどうしたって陰々滅々《いんいんめつめつ》とした愚痴《ぐち》の連続のようなものになってしまう。しかし、ロングショットを意識すると、そこに不思議なおかしみが生じて、読みやすくなる。悲劇が喜劇化するわけだ。

『食べることと出すこと』は「ユーモアがある」と言ってくれる人が多かった。しかしじつは、笑わせるような書き方はいっさいしていない。ロングショットの効果だ。

ついでに、ユーモアの話もしておくと、「ユーモアのある書き方をしよう」とねらうのは、よほど自信のある人以外はやめておいたほうがいい。親父ギャグとか親父構文とかも、年代のせいだけでなく、ユーモアのある人間を目指してしまうせいで、かえってあんな悲惨《ひさん》なことになっているのだ。「いや、自分のギャグはまわりにウケている」という人もいるだろうが、それはあなたが「ここは笑うところだよ」とサインを出しているから、その空気を読んで、まわりは笑ってくれているだけかもしれない。「ユーモアは大切」と言われがちだが、塩加減と同じで、大切だからたっぷり入れたほうがいいというものでもない。

パターンから抜《ぬ》け出す

自伝が面白くないのは、自分を客観視することが難しいからだけではない。他にもすごく大切なことがある。それは「パターンから抜け出す」ということだ。

物語には型、パターンがある。たとえば起承転結とかだ。そういうパターンにあてはめて書くと、書くほうも書きやすいし、読むほうも読みやすい。

しかし、いわゆる「型にはまったもの」になってしまうという弊害《へいがい》もある。

自分だけの個人的なかけがえのない体験でも、パターンにはまった書き方をしてしまうと、そのせいで、ありきたりなものになってしまう。

たとえば、また私の場合を例に引くと、闘病記というものにも、定番のパターンがある。「病気をして、さまざまなつらい目にあったけれども、そのおかげで人間的に成長して、いろいろな人との出会いもあり、今では前向きな気持ちで生きている」というパターンだ。新聞やネットの記事などは、だいたいこのパターンで書かれている。読者ウケもいいからだ。

しかし、当然のことながら、すべての病人がこのパターンにあてはまるはずはない。

それなのに、当人もついこのパターンで書いてしまうことが多い。

なぜか？　書こうとしたときに、どう書いていいかわからなくて、ついついどこかで読んだことのあるパターンを使ってしまうからだ。それをパターンと意識していないことも多い。

「パターンと意識しないほど、身についてしまっているパターン」ほど、何かを書くときに邪魔《じゃま》になるものはない。たとえば、ある映画について、「この映画では登場人物の誰《だれ》も成長していなくて、ダメだと思う」というレビューを書いている人がいた。この人にとっては「登場人物がさまざまな経験をして成長していく」というパターンこそが物語なのだ。しかし、成長物語というのは、一八世紀に人気があったパターンにすぎず、今でもエンターテインメント系ではよく用いられるが、あくまで物語のパターンのひとつにすぎない。他にもさまざまなパターンがあるのだ。

パターンにとらわれてしまうと、何を見ても、そういうふうにしか見えなくなってしまう。親世代と子ども世代で、今の同じ時代を生きているにもかかわらず、「現実というのは◯◯というものだ」という認識がちがうのは、たんに経験が異なるからではなく、それぞれの世代の認識のパターンにはまってしまっているからだ。

世界中、それも秘境のようなところまで旅をしている人がいて、さぞかし普通《ふつう》とはちがう話が聞けるだろうと思ったら、「人との出会いが大切」「あきらめないことが大切」「考えるより行動すること」とか、おそろしく平凡《へいぼん》なことしか言わなくて、ガッカリさせられることがある。これも、旅に出る前から、そういうパターンにがんじがらめになっているので、どんな体験をしても、そこにあてはめてしまうのだ。眼鏡《めがね》に色がついていれば、どこに行って何を見ても、その色になってしまう。

一方、新しい体験をすると――秘境を旅するような大きなことでなくても、日常の出来事でも――これまでのパターンにはおさまらないと感じ、そこから抜け出せる人もいる。こういう人は「どう書いていいかわからない」と悩《なや》むことになる。「自分は書くことに向いていないのでは……」と思うかもしれない。しかし、じつはそういう人こそ、とても重要な段階をすでに突破《とっぱ》しているのだ。

では、自力での突破が難しい人はどうしたらいいのか？　私もそうだった。「パターンから抜け出すためには、たくさんのパターンを知る」これしかないと思う。私は十代までほとんど本を読まなかった。それでも何の問題もなかった。しかし、二十歳以降、生きづらさを感じるようになった。いろんな文学を読むようになって気づいたのは「これまでは少ない数のパターンの物語にはまっていたんだなあ」ということだった。物語の数のパターンが増えると、書くことに役立つだけでなく、人生の生き方ももっと自由に幅広《はばひろ》くなるし、挫折《ざせつ》や絶望を経験したときにも、人生の物語をそこから新しく書き直せるようになる。

文学を読むのがいちばんいい。最新作ばかりでは、その時代のパターンにとらわれてしまうから、いろんな時代の作品、つまり古典も読んだほうがいい。日本の作家の本しか読まないのは、自分の町内の作家の本しか読まないのと同じくらいせま苦しいことで、世界中の文学を翻訳《ほんやく》で読んだほうがいい。そうすると、自分の中の物語のパターンが増えていき、そこから、「自分だけのパターン」を生み出すこともできるようになる。

自分だけの気持ち、自分だけの体験、つまり「わたし」を語るためには、「わたし」だけのパターンが必要なのだ。他人の型紙で作った服では、自分の身体には合わない。

言語隠蔽《いんぺい》

パターンの話ともつながるのだが、もうひとつ心にとめておいてほしい大切なことが、「言語隠蔽」だ。

たとえば、事件の犯人の顔を目撃《もくげき》した人に、犯人がどういう顔をしていたか言葉で説明してもらい、その後で複数の顔写真の中から犯人の顔を選んでもらう。すると、言葉で説明しなかった場合に比べて、正しく犯人を選び出せる確率が格段に下がるのだ。

これはなぜか？　顔のすべてを言語化することはできない。「大きな目」とか「高い鼻」とか「薄《うす》い唇《くちびる》」とか、どんなに詳《くわ》しく説明したところで、限界がある。その結果、言葉にできたところだけが鮮明《せんめい》に記憶《きおく》に残って、言葉にできなかった要素は記憶から消えてしまったり、不正確になってしまったりするのだ。

これが言語隠蔽と呼ばれる現象だ。

もちろん、顔だけでなく、絵、色、音楽、におい、味など、さまざまなことで起きることがわかっている。

たとえば、あるワインを飲んで、五分後に四種類のワインの中から同じワインを選ぶという実験でも、最初のワインがどんな味だったか、言葉で説明してしまうと、正解するのはとても難しくなるそうだ。

ゴルファーに、自分のショットについて言葉で説明してもらうと、その後の成績がガた落ちになるそうだ。

「言語化」というと、なにか良いことのように思われがちで、たしかに大切なことでもあるのだが、同時に、こういう怖《こわ》さを持っていることを知っておく必要がある。人に伝わらないというだけでなく、自分の内からも「本当」が消えてしまうのだ。

人の気持ちというのも、言葉にならないもやもやしたものだ。それを言葉にすると、言葉にしたことだけが残って、他のもやもやは消えてしまいやすい。せっかくの綿飴《わたあめ》が、芯《しん》の割《わ》り箸《ばし》だけになってしまいかねないのだ。

精神分析《ぶんせき》などで、自分の気持ちを語るだけで気持ちが楽になることがあるのは、逆にこの効果を使っているわけだ。言葉にしたことしか残らないので、その分、楽になれるわけだ。

しかし、いくらつらい体験でも、その綿飴を割り箸だけにしたくないと思う人もいる。私も、つらかった闘病を、ありきたりな闘病記にしたくはなかった。

戦争など、苛《か》酷《こく》な体験をした人の中には、かたくなにそれを語ろうとしない人がいる。「思い出したくない」「話したところで、どうせ人にはわからない」ということの他に、「言葉にできない。言葉にするとウソになる」という思いがあるからだ。

おかしな言い方に聞こえるかもしれないが、ちゃんと言語化するためには、まず「安易に言語化しない」ということが大切なのだ。安易に言語化したせいで、自分の内から本当の気持ちが消えてしまったら、もうそれを書くことは不可能だ。

安易な言語化とは、たとえば、よくある表現を使うとか、なんか微妙《びみょう》にちがうんだけどまあ近いからいいかとか、相手にわかりやすいように少し変えるとか、そういう妥協《だきょう》だ。妥協すると、「わたし」は消えてしまう。

「わたし」は必ず面白い

自伝の話をしたときに、「自伝が面白くないのは、一般《いっぱん》人の人生なんて面白くないからでは？」と思った人もいたかもしれない。

しかし、これは決してそんなことはない。

これといった大きな事件のない、ごく平凡と言われてしまうような人生であっても、その人にしか経験できない、かけがえのない人生であり、そこにはその人だけの感じ方、その人だけの発見、その人だけの物語がある。

「わたし」のことは、自分でもなかなかわからないし、すぐにわからなくなってしまいやすいし、他人にわかってもらうことは不可能と言ってもいい。

しかし、だからこそ、他人に伝える価値がある。相手は知らないことなのだから。

私は自分が二十歳で難病になったので、みんなが社会に出ていろんな経験をする二十代、三十代をずっと病院か自宅にひきこもって過ごした。圧倒的《あっとう》に人生経験が少ない。だから、人の人生の話を聞くのが大好きだ。そうすると、面白くない人生なんて、ひとつもない。どの人の話も、深く聞くと、じつに面白い。そのことにいつも驚《おどろ》いているほどだ。

そうしてみると、自分の十代も、とくに何もなかったと思っていたけれど、ずいぶんいろんなことがあったんだなあと気づかされる。

「わたし」とは深淵《しんえん》である。ぜひ探求してみてほしい。

頭木弘樹（かしらぎ・ひろき）

文学紹介者。筑波大学卒。大学三年の二十歳のときに難病になり、一三年間の闘病生活を送る。そのときにカフカの言葉が救いとなった経験から、『絶望名人カフカの人生論』（新潮文庫）を編訳。以後、さまざまなジャンルの本を執筆している。近刊に、初エッセイ集『口の立つやつが勝つってことでいいのか』（青土社）、編訳書『カフカ断片集』（新潮文庫）などがある。ＮＨＫラジオ「ラジオ深夜便」の『絶望名言』のコーナーに出演中。

まず釣《つ》り糸《いと》を垂らしてみる

作家
安達茉莉子
ADACHI MARIKO

言葉で捕《つか》まえようとすると
するりと逃《に》げてしまうものがある
その逃げてしまうものこそ最高の獲物《えもの》と信じて
（谷川俊太郎《たにかわしゅんたろう》「北軽井沢目録《もくろく》」『世間知ラズ』思潮社）

本を読んでいると、「自分が何となく感じていたことが言葉にされている」と感じることがある。時代や土地を超《こ》えて、まったく知らない誰《だれ》かが書いた文章に、自分が感じていることが書かれている。情けなかったり、後ろめたかったりする感情。自分ひとりが感じていたことが、他の誰かにも共通しているのだと知ると、深い共感が起こる。言葉によって、言葉にならない静かな感動を得ることは、読むこと、書くことの根源的なよろこびのひとつだ。

普段《ふだん》、友人や家族との会話ではなかなか話すことのない、自分の中の深い部分。悩《なや》み、モヤモヤしていること。人に打ち明ける打ち明けない以前に、そもそも自分で言葉にするのが難しいこと。うれしかったり、苦しいくらいに切なかったり、誰かの顔や後ろ姿をみていると胸の奥《おく》から湧《わ》きあがってくるもの。言葉にすると一気につまらないものになってしまいそうな思い出。軽く扱《あつか》いたくないこと。大事なことは、大体は言葉にならないから大事なのだ。

書くことは、この「言葉にならないものを、それでも言葉にしたい」という営みでもある。それは別にかんたんなことではない。だけど、難しく考える必要もない。まずはやってみよう。魚の釣り方を知るには、とりあえずまず釣り糸を垂らしてみないと魚は集まってこないし、何も始まらない。言葉も、手を動かしてみないと集まってこない。魚釣りをうまくやる必要なんてないように、言葉を探す営みも、真剣《しんけん》に考える必要はない。ただ、楽しめばいい。

「ちがい」に気づいてあげること

自分が感じていることを言葉にする。このプロセスは、そもそもかんたんではないと書いたけれど、苦もなくできる人はできる。日頃《ひごろ》から日記を書く習慣があったり、面と向かって直接話すよりも、あとから書いて伝える方が楽だという人は、自然とやっていることなのではないかと思う。

どうしていいかわからない人は、実際やってみようとすると本当に手が止まるかもしれない。例えば、日記を書いてみたり感想を求められたりしても、「今日誰々と遊んだ、楽しかった」。「何々という本を読んだ。感動した」……以上！　みたいな人。シンプル・イズ・ベスト。別にそれは悪くない。私は実は小中学生の頃はこのタイプだった。自分の感情に忠実なあまり、純度が一番高い（と小中学生心《ごころ》に思った）言葉を選ぶと、

「楽しかった」「感動した」になるのだった。

それが悪いと言っているわけではない。どれもシンプルな表現で、さらに、自分が感じているものとのあいだにウソがない。だけどあまりに大雑把《おおざっぱ》ともいえる。

例えば、誰かが「(あなた)はどんな人ですか?」という問いを、別のクラスメートにたずねてみたと想像してみてほしい。クラスメートが、「日本人ですね」「十代ですね」と笑顔《えがお》で答えていたとしたらどうだろう? いや、もうちょいあるだろうとならないだろうか。カテゴライズがでかすぎるだろうと。そもそも「日本人」とかでくるな、「十代」とか別に自分のアイデンティティじゃないし! 私にもいろいろあるんじゃ! などと言いたくなる。もうちょっと、私をちゃんと見てよと。

同じように、自分が経験した何か意味深い出来事や、本の感想を誰かに一通り話して、「そうですか、楽しかったんですね」「感動したんですね」「モヤモヤしたんですね」と言われると、まとめるな! という気持ちになる。もっといろいろあったの! と。

複雑なものを大きな言葉でくくると、自分を構成するいろんなものが捨てられてしまう。無理に言語化したり、説明してしまう必要もないが、「言葉にできないくらい、本当はいろいろあるんだ」という気持ちは大事なものだ。

自分のペット（愛犬）を考えてみよう。よく知らない誰かにとっては「なんかの犬」としか表現されないかもしれないが、自分にとっては、子犬の時から一緒《いっしょ》にいて、言うことを聞かなくて、家族が姿を見せると可愛《かわい》いポーズを取って、寂《さび》しがり屋で、ご飯の時には必死な目で見上げてきて、ソファを破壊《はかい》して怒《おこ》られて、夜は共に眠《ねむ》ってくれて、おやつが好きで、最近少しおじいちゃん犬になってきて……と、取《と》り替《か》えのきかない一《いっ》瞬《しゅん》一瞬をもった、唯一無二《ゆいいつむに》の存在だったりする。

そんなふうに、誰かの生きた姿は、本当はとても具体的なものだ。言葉や感情の機微《きび》を大事にするということは、誰かの姿や、自分が受けた印象、自分の感情について、自分だけはちゃんと見てあげることでもある。自分が見たものを記憶《きおく》しておくこと、些細《ささい》なちがいに気づいてあげること。ちがいをどうでもいいとしないのは、人としてのやさしさに繋《つな》がっていく。そして、そんな人が多い世の中の方が、きっと生きやすい（気づかないでいてくれる「ありがたさ」もあるけれど）。

「ちがい」を言葉にしてみよう

さて、では自分の考えや「心」をどうやって言葉にするのか。そもそも「心」とは……？　と哲学的《てつがく》な問いになりそうだが、あくまで「言葉の魚釣り」気分で、とりあえずやってみてほしい（魚釣りもまた深遠な営みだが、水に釣り糸と針を垂らしてみるのは、初心者だってできる）。

私のオススメは、とにかく最初はただ書いてみるというものだ。まず、自分が「見たもの」をただ書いてみる。どこどこに行った、誰と会ったという記録や事実を書くのではなく、そこはどんな様子だったか（混んでいた、空《す》いていた、さびれたような感じがした……）。どんなにおいがしたか（草木の心地《ここち》よいにおい、なんだかムッとするようなカビくさいにおい……）。そのとき自分はどんな感じがしたか（ほっとした、早く帰りたくなった……）。会った人はどんな表情をしていたか（疲《つか》れていた、何か言いたそうだった、ニコニコしていた……）。その人に会った自分はどうだった（いつもより多くしゃべった、なんか気まずかった……）などなど。

そんなふうに、自分が受け取ったものを、ただただ（できるだけ）詳細《しょうさい》に、具体的に記述してみる。この時点で「純度」とか「精度」とか考えないでいい。使っていない水道を出せばしばらく錆《さ》びた水が出てきたりする。綺麗《きれい》な水が出てくるまで、ただただ書いていく。

不思議なもので、自分をあえて表現しなくても、そうやってただ記述していると、自分特有の目線や感じ方があらわれてくる。そこに目が留まるんだ、そんなふうに解釈《かいしゃく》していたんだ、とか。同じ風景を見てスケッチを描《か》いても人それぞれ違《ちが》う絵になるように、同じものを見ても文章は変わっていく。

私は自分の日常や生活についてエッセイを書くことが多いが、読んだ方から、自分の「心」や感情について、丁寧《ていねい》に向き合っていますねと言ってもらうことがある。だけどそれは特別なことをしている感覚はなく、自分が出会ったものや体験、自分の反応、受け取った印象について、この「ただ記述する」をずっとやっているだけだったりする。「自分を表現しよう」なんて思わない。受け取ったものをどれだけ言葉にできるか、書くときはそれだけを考えている。そして、次の項目《こうもく》で書くけれど、最初からすらすら言葉になることは、ほとんどない。

わからないから書く・書いているうちにわかる

最初から自分の感じていることが明確に言語化できているから、文章にするわけではない。ただただ言葉を並べて書いているうちに、「そういうことだったのか」とわかっていく。例えば、こんなケースが自分にあったと想像してみてほしい。

【友人Aちゃん。入学式で仲良くなって以来、私とAちゃんはいつも二人でよく行動している。Aちゃんは大人しいけれど、やさしくて、よく笑う。一番仲が良いけれど、Aちゃんと一緒にいると、最近自分の中でどこか、モヤモヤすることがある。自分でもそれはどういうことだかわからない】

あまりにもうっすらとした、漠然《ばくぜん》とした感覚。わざわざ別の友人に話してみたりするほどの大きな問題ではない。だけど、立ち止まって感じてみると、ここには自分の感じ方や思考が詰《つ》まっている。

こうしたよくわからない「モヤモヤ」を、ノートに向かって言葉にしてみると、こんな感じになる。

「Aちゃんといると、時々なんだか自分がちょっとモヤモヤしているときがある」

――**「モヤモヤ」って、どんな感じ？**

「なんというか、自分が変な感じ。Aちゃんに対して苛立《いらだ》つとか嫌《いや》な気持ちになるとかのネガティブな感じではない」

――**じゃあ「変」って、どんな感じ？**

「変っていっても、すごく変なわけじゃない――なんというか、自分が笑っていない感じ――笑うAちゃんを、自分は真顔で見てるときがあるような気がする」

――**ふーん。それはどんなときに起こる？**

「誰かに向かって笑っているAちゃんを見ていると、自分はさびしくなる――それは嫉妬とかではない気がする（私は自分だけと仲良くしてほしいとか、思ったりするタイプじゃない）」

――**なるほど。**

「Aちゃんは何も悪くない。本当に良い子だし、私もAちゃんのことが好き」

――本当に？

「それは本当。だけど、なんかさびしくなることがある」


そんなふうに、自分と自分、「自分たち」でおしゃべりする。ん？　と思ったら「それはどゆこと？」と聞いてみる。違和《いわ》感を感じたら、「本当に？」と聞いてみる。そうやって、どんどん言葉を出していく。

ここまで書いてみて、「さびしい」というワードが二回出てきた。この「さびしい」について、さらに自分に聞いてみる。


――さびしいって、どんな感じ？

「うーん……よくわからない」

――オッケー。じゃあ「さびしい」と感じたときのことを言葉にしてみて。

「Aちゃんは、なんか皆《みんな》に対して笑っている気がする――誰にでも好かれようとしてる」

それが「さびしい」のか。「誰にでも好かれようとしてる」ことが、なぜ「さびしい」となるのだろう。どうやらここにひっかかりポイントがありそうだ。

――それは、ダメなこと？

「別に、全然ダメじゃない」

ダメじゃないなら、なぜ私はそこにひっかかっているんだろう。もう少し聞いてみる。

「Aちゃんは誰にでも好かれようとして、無理に笑ってるんじゃないかって思うから」

また聞いてみよう。無理に笑っているとして、それはダメなことなの？　それの何に私はひっかかっているの？

「私といても、いい、Aちゃんはそうして誰にでも好かれようと、無理に笑い続けてしまうのかなって思ってしまうから」

——なるほど。それを私は「さびしい」と感じるんだね。

「私といるとき、Aちゃんは安心して、無理に笑ったりしないで、ぶすっとしていてもいい。私はそんな関係になりたいと思っているけど、なれないってAちゃんの笑顔を見ると感じる。そうしてあげられないことが、さびしいのかもしれない」

こんな感じで、Aちゃんといると起こる反応を、最初は「モヤモヤ」くらいでしか表現できなかったが、問いを挟《はさ》んでいくことで「言葉」が集まってきた。あとはそれをまとめるだけ。ただ書き出していった軌跡《きせき》が、そのまま文章になる。

（ちなみに、私はこのプロセスをペンと紙で手書きでやる。あくまで感覚だが、自分の中にあるモヤモヤがインクに溶《と》けて、それを紙が吸いとってくれるような気がするのだ。書いたあとはすっきりする。小さなボートのように、言葉は感情をそのまま乗せて、頭の中から外に運び出してくれる）

言葉の「器」になってみる

さて、自分の中にあるまとまらないものを、ただ書き出してみようと前項《ぜんこう》で書いたけれど、こうも思うかもしれない。

「そもそも、自分が感じたことを書き出す語彙《ごい》がない！」

自分の感じていることを言葉にするには、やっぱりある程度の語彙が必要だ。文章を書いていくためには、書くより読むほうが大事だったりする。本を読むと、「ああ、こんなふうに書けばいいのか」「こういう書き方ができるのか」とわかる。学ぶとは真似《まね》ること。読むことで、書くための言葉を獲得《かくとく》していくことができる。だから、もし書く手が止まるようだったら、先に人の文章を読んでみるのがオススメだ。

それでも書けないな、というときは、書かなくていいと思う。書くためには、ペンを置くことも大事だ。書けないときこそ、言葉を探し求めるのではなく、言葉が流れ込《こ》んでくる「器」になってみる。

高校生の頃、私は「言葉のスクラップブッキング」というものを始めた。読んだ本の一節、歌詞、先生や誰かが言ったこと、なんでもノートにメモしていった。自分のところに集まってきた、綺麗なものをちゃんと残したいというような自然な行為《こうい》だったと思う。

集めた言葉はどれも、自分オリジナルのものではない。全部誰かの言葉だ。だけど不思議と、眺《なが》めていると、自分自身がそこに現れているような気がした。私が綺麗だと思ったもの、それらはすべて、私の心が反応したものたちだった。

何になぜ反応したのか突《つ》き止《と》める必要はない。わからないままでいい。だけど、自分が反応したものたちを眺めていると、自分から新たに言葉が引き出されていく。集めた言葉を眺めていると、どんな気持ちがするか。その出会いによって自分はどう変わったか。そんなふうに自分の中に言葉が溜《た》まったら、あとはそれを、出すだけだ。

言葉を出してみる

文章は巧拙《こうせつ》ではなく、どれだけその人であるか、だと思う。もし自分の大事な人が残した文章だったら、どんなに何気なく書かれたものでも、かけがえのないものになったりする。その人の生きた軌跡が文章に残っていれば、それ以上はないし、それで十分だ。たった一度の限りある人生で、文章がうまいねと褒《ほ》められたところで、何だというんだろう（褒められたいけれど）。それよりも、短いようで長い人生を歩んでいくための相棒として、言葉というツールがあればいい。今この同時代を一緒に生きている、何らかのご縁《えん》があったりなかったりして出会う人たちと、互《たが》いの人生を少し触《ふ》れ合《あ》わせるように、言葉を交《か》わせたらいい。

うまく書けなくても、自分が言いたいことが表されていなくても、とりあえず出してみる。大事なことほど、言葉では表せない。もうハグして全部データ通信みたいにして自分の全部をそのまま伝えられたらいいのに、と今でさえそう思うが、そういうわけにもいかない。だけど、つたなくても、きれぎれでも、出した言葉が、また別の言葉を呼ぶ。そうやって対話は始まる。だからこそ、どんなに不完全に感じられても、ただ自分の中にあるものを出してみてほしいのだ。

安達茉莉子（あだち・まりこ）

大分県日田市出身。著書に『毛布――あなたをくるんでくれるもの』（玄光社）、『私の生活改善運動 THIS IS MY LIFE』（三輪舎）、『臆病者の自転車生活』（亜紀書房）、『世界に放りこまれた』（ignition gallery）など。「書きあぐねて山河あり」（集英社『すばる』）、「むき身クラブへようこそ 私の解放 days」（ウェブマガジンだいわ log.）など「生」をテーマに広く連載中。X／インスタグラム @andmariobooks

書くほどに救われていく

文筆家
僕のマリ
BOKUNOMARI

人の日記は面白いのか

文章を書いて発表するようになってから、丸五年が経《た》ちました。わたしは普段《ふだん》、出版社から本を出したり、雑誌やネットでエッセイを書いています。あとは、日記を本にして売っています。普段本を読まない人にそれを説明すると、大抵《たいてい》「え?」と言われます。

「書いた日記を読んでもらうって何？」ということなんだと思います。それの何が面白いのか？　売れるのか？　という疑問に対して、確かにそうだなと思えます。

この世には小説やエッセイのように「日記文学」というジャンルがあり、いまは東京・下北沢に日記専門店もあるほど、日記文学の潮流が強くなっています。また、近年の同人誌即売会《そくばいかい》の盛り上がりの影響《えいきょう》か、自分で作った本を売る人も増えて、わたしがやっているように「自費出版の日記」を作る人も多いです。すでに作品を知っている作家の日記ではなくても、どこの誰《だれ》とも知らない人の日常に接写した文章も、とても面白いものです。刺激《しげき》的な内容や出来事がなくとも、ただ穏《おだ》やかに続いていく日常を書いた文章を読むことで癒《い》やされるときもあります。

わたしは平成四年生まれで、今年三十二歳《さい》になります。れっきとした大人ですが、この年でもまだ、自分のことをわかっていなくて愕然《がくぜん》とすることがあります。日記を書いて本にして形作っていると、思いもよらぬ自分の心の在処《ありか》に気づくことがあるのです。それは例えるならば、違《ちが》う日の日記でも同じようなことにスポットを当てていたり、何気なく書いたつもりがそのことがずっと心に引っかかっていたり、一冊の本にして通読するときにはっと気づくもので、無意識に書かれていたものばかりでした。日記を書くのは、エッセイや小説を書くこととはまた違う脳の使い方をします。本当にあったことをつらつら書いているように見えて、書くことと書かないこと、詳《くわ》しく書くこと、自分の心の在処がダイレクトに表れています。そのことに気づけたことは、自分を知るうえで大きな一歩となりました。

自分の気持ちを伝えること

昔から、思っていることを伝えるのが苦手でした。もっと詳しく言うと、「本当に」思っていることを伝えるのが苦手でした。どちらかというと活発で明るく、友達もそれなりにいましたが、空気を読めない部分も大いにあり、人とのディスコミュニケーションに傷つくことも少なくありませんでした。自分の気持ちを伝えることが大事だとはわかっていても、相手の気持ちを傷つけずに自分の主張をすることはとにかく難しい。自分自身でそう考えているぶん、誰かの正直な気持ちを聞くことも、なんだか怖《こわ》かった。そんなふうに自分の気持ちを口に出さずに内に秘めたままでいると、心の在処がわからなくなってしまいました。要するに、自分の気持ちに鈍感《どんかん》になっていくことになります。

以前、日本テレビアナウンサー（当時）の藤井貴彦《ふじいたかひこ》さんが、「自分の意見を言わないということは、自分を大切にしていないこととほぼ同じ意味」と対談のなかで発言されていました。さらに、「自分を大切にしていない状態を相手に向けてしまうと、必ずコミュニケーションには違和感《いわ》が生まれる」とも続きました。わたしは折に触《ふ》れてその言葉を思い出し、人と向き合うことが苦手だった自分を重ねました。自分の意見をはっきり主張しないことで他人を尊重しているつもりだったのですが、それでは相手との健全な関係を築くことができなかったのです。

当時は誰に言うわけでもなかったのですが、中学時代は本当につらかった。親の仕事の都合で中二のはじめに転校して地域性の違いに戸惑《とまど》ったり、ピアノ経験者だったので吹奏楽部《すいそうがくぶ》に勧誘《かんゆう》されて途中《とちゅう》から入部したりして、気を張ることが多かったからか、精神的に落ち着かない状態が長く続いていました。友だちもできたし、部活をかなり頑張《がんば》っていたので、それはそれで青春だったとも言えますが、ずっと気持ちがソワソワしていたことは確かで、大人になってやっと「ああ、あのときすごくつらかったな」と気づきました。その後、高校は楽しくて、大学はそんなに楽しくなかった。「楽しい」と感じる気持ちは当時も自覚していたのですが、つらかった、悲しかったという感情は、どうしても看過しがちです。気づいてしまったが最後、感情が溢《あふ》れて取り返しがつかなくなる、というような危機回避《かいひ》の本能もあったはず。そのまま大人になり、何年も経ってから「誰にも言えなかったけどつらかった」と強く思うようになりました。誰にも言えなかったからつらかったのだとも思います。悲しみや怒《いか》りは増幅《ぞうふく》しやすく、自分のなかで癒えることなくじゅくじゅくと化膿《かのう》し続けていました。何年も前のことを思い出して泣く日もあり、一人暮らしの小さな部屋で、わたしはよく泣いていました。いまでもあの時の気持ちをまざまざと思い出します。

そういう話を生身の人間にしたことがなかったので、つらかったことにも長い間気づきませんでした。でも確かに傷ついてはいて、その頃《ころ》の自分がずっと成仏できていませんでした。何かを話さないままでいることも、随分《ずいぶん》と気力が要るものです。文章を書いて世に出すようになって気づいたのは、わたしはずっと、誰かに話を聞いてほしかったんだということでした。いじけて生きていた期間が長かったせいで、「誰もわたしの話なんて聞いてくれないんだ」と思っていました。実際にはそんなことはないし、支えてくれた人たちの存在があってここまで生きてきました。一人で生きてきたような顔をしていた生意気な時期もありましたが、いつだって誰かの助けや気遣《きづか》いがそばにあったと思います。必死すぎて見えていなかっただけで、勝手に思い悩《なや》んで生きていただけです。その一方で、なんだか心がさびしいというのも本当のことで、自分が普段感じていることやつらかったことを誰かに聞いてほしいと思うようになりました。わたしは文章という形で表現していますが、音楽でも絵でも映画でも、何かを作っている人は暗い情熱のようなものが心の奥底にあるのではないでしょうか。

大人になって、この仕事を始めてからさらに、色んな人と知り合う機会が増えました。老若男女様々です。そのなかで、なんだか話しやすいと思う人は自分と同じように転校生だったりして、同じ孤独《こどく》を分かつ人とは波長が合うのだなと妙《みょう》に感動しました。自分の内面を書くことでわかることもあれば、誰かの文章を読んだり話したりすることでわかることもあります。書くことのみならず、何かを受け取ったときの感情の発露《はつろ》もまた、自分を知るためのヒントになりました。

自分らしい文章を書くには

文章を書こうと思うとつい、感動した話や、「オチ」（というのはあんまり好きではありませんが）がある気張った話を思い浮《う》かべがちです。要するに、わかりやすく読みやすい話を最初から最後まで丁寧《ていねい》に書くということです。読みやすい文章とは親切な文章のことで、読み手にわかりやすく、すぐにその文章の世界や状況がわかるもののはずです。まずはそれを目指すことも大事です。しかしそれとは別に、実際には出来事として動いていなくとも、自分の心の動きを仔細《しさい》に書くことで、一気に芸術として昇華《しょうか》することができます。持論ですが、書き出しと終わりさえバシッと決まれば、文章自体の雰囲《ふんい》気《き》が定まるので、ひとつの作品として完成度が高まります。人がなかなか経験しないような珍《めずら》しい出来事がなくても、美しい文章を書けば人の心は動くのだと思っています。そして、読み手が考えたり余韻《よいん》に浸《ひた》ることができるような空白を作るのも、作品を書くうえでの味になります。オチがある話でもあえてその部分をカットしたり、さらっと書いて終わりの部分の描写《びょうしゃ》を違う場面にするのもひとつの技かと思います。そして、何を書くのかも大事ですが、何を書かないかも大事になっていきます。現実のコミュニケーションで「言外」の含みが多くあるように、文章にも雰囲気や空白があり、その部分を含《ふく》めて「読む」ことだと言えます。

あとは文章のリズムを摑《つか》むことで、ぐっと没入《ぼつにゅう》感が増します。書いたあとに声に出して読んでみると、整理しやすくなるのでおすすめです。わたしは人生において音楽をやっていた時期が長く、その影響《えいきょう》か文章にもリズム感を求めるようになりました。読む本も流れるような文体のものが好きで、静と動を上手く書き分けている作品に心を奪《うば》われます。

自分らしさやリズムを掴むにはある程度の慣れが必要になるので、長くても短くても、まずは作品としてたくさん仕上げてみることをおすすめします。わたしが学生の頃はインターネット黎明期《れいめい》だったので、様々なSNSやブログのサービスが台頭してきた頃でした。とりわけブログは流行っていたので、ある程度の字数で文章を書く習慣はついていたように思います。反応があってもなくても、匿名《とくめい》の文章としてネットの海に放つことで掴んだ感覚がたくさんありました。

日記という筋トレを続ける

物心がついたときから本が好きでずっと読んでいたので、国語だけは成績がよく、読書感想文や作文も苦ではありませんでした。自分の好きなことをやっていたら自《おの》ずと力がついただけなので、読書が好きなことを褒《ほ》められたり、文章を褒められたりしたときに、「ラッキー」と「なんだか後ろめたい」という気持ちが同居していたのも事実です。自分が好きだったことがたまたま、大人にとって都合がよかっただけなのです。

学生時代は忙《いそが》しく過ごしました。仕方のないことですが、平日は学校、放課後は部活、土日も部活という生活に余白などほとんどなく、横になればすぐに寝落《ねお》ちしてしまうほどいつも疲《つか》れていました。いま思えば、あのゆとりのなさによって、精神的な余裕《よゆう》を無くしていたのかもしれません。もう一度あの生活をしろと言われたら、無理だと即答《そくとう》します。学校と部活が中心の生活では、何かを表現するような暇《いとま》も心の余裕もありませんでした。しかし、成長しても読書だけは続けていて、人生のどの期間も、本だけは自分のそばにありました。ブログだったり紙の日記だったり、細々と文章を書いたり書かなかったりして、読むことも書くこともわりあい身近なものでした。

大学受験のとき、当時の家庭教師の指導で、毎日長文を百文字にまとめる練習をしていました。最初はそれがなかなか難しくて、しかもつまらないのでだいぶ苦戦しました。それ百文字というのも短すぎてあんまり現実的に思えず、できる気がしませんでした。それでもスパルタの先生のもと、何度も何度もやっていくうちにコツや感覚を掴み、二ヶ月ほどでできるようになりました。長く本を読んでいると自ずと文章力はついてくるので、もともと読み書きには慣れていましたが、この訓練をやっておいて良かった、とは今でも思います。やる前とやった後では、読解力も書く文章の質も上がりました。うまくまとめられるようになると、頭の整理がしやすくなり、結果として現在、文章を書くときに役立っています。

日記を書くことはとにかく鍛錬《たんれん》になるので、毎日五百字くらいから書きためておくと、長文を書くときの筋肉にもなります。何気ない日々でも同じ日はなく、書き留めておけば日記以外の作品を作るときの手助けにもなります。いきなりエッセイや小説を書くのは難しいと思う人も、まずは日記を書いてみると、書きたいことや自分のリズムが掴めてくるのではないでしょうか。

わたしは過去に『書きたい生活』という本を出版しました。デビュー作を皮切りに、文筆家として歩む日々のことを書いた作品です。本の感想をいただいたときに、「自分も書き始めた」という内容を何度か目にしました。読者の方のなかには、「書く」ことと「発表する」ということに壁《かべ》を感じる人も少なくないようでした。正直、そのどちらも恥《はじ》であることに間違《まちが》いないと思います。恥ずかしい、みっともない、でも書きたい。読まれたらどう思われるんだろう、という怖さもあるなかで、それでも、自分の正直な気持ちを書くことがどれだけ自分を救うかということを、わたしは伝え続けたいです。

僕のマリ（ぼくのまり）

一九九二年福岡県生まれ。『常識のない喫茶店』『書きたい生活』（ともに柏書房）、『いかれた慕情』（百万年書房）など。自費出版の日記本も作っている。

COLUMN 1 見直しは大切

まずは基本を押《お》さえよう

文章を最後まで書いたら、発表する前に見直してみましょう。

書き終えた直後ではなく、少しでも時間を置いてから行うのがベストです。一度文章から離《はな》れることで、より客観的な目線で見直すことができます。私は一晩置くようにしていますが、どの程度時間を空けるかは人それぞれ。数時間から半日という人もいれば、重要な原稿《げんこう》は一週間寝《ね》かせる人もいると聞きます。

見直しのコツは、「違和《いわ》感がある場所で立ち止まり、手直しする」ことです。とはいっても、慣れないうちは違和感があってもどこをどう直せばいいかわからないかもしれません。そんなときは、まずは基本的な文章の間《ま》違《ちが》いをなくすところからはじめましょう。

◉誤字・脱字《だつじ》などの明らかなミスをなくす

誤字・脱字が多いと読者からの信頼を損ねます。見直していない文章には必ずといっていいほど誤字・脱字があるので、「絶対にどこかに潜《ひそ》んでいる」くらいの気持ちで臨みましょう。

「てにをは」の使い方や、慣用句やことわざの意味が間違っていることもあります。自分を過信せず、ネット検索《けんさく》や辞書で一度調べることをおすすめします。

◉主語と述語を対応させる

ひと息で書いた文章に多いのが、主語と述語が一致《いっち》していない「ねじれ文」です。例えばこんな文章です。

今週の予定は、本を三冊読みたい。

なんとなく違和感がありますよね。この文章から主語と述語を抜《ぬ》き出してみると、「今週の予定は〜読みたい」となり、一致していない（＝ねじれている）ことがわかります。次のように主語か述語のどちらかに揃《そろ》えることで、ねじれを解消できます。

▼主語に揃えて修正
今週の予定は、本を三冊読むことだ。
▼述語に揃えて修正
今週は、本を三冊読みたい。

もう一つみてみましょう。どこがおかしいか考えながら読んでみてください。

夢の中で、家族と旅行や新しいスニーカーを買ってもらった。

わかりましたか？　この文には「家族と旅行」を受ける述語がなく、「買ってもらった」が受けてしまっていますね。主語と述語を抜き出すと「旅行を〜買ってもらった」となり、意味が通りません。

夢の中で、家族と旅行へ行き、新しいスニーカーを買ってもらった。

とすると、違和感なく読むことができます。ねじれ文はなんとなく意味を理解できるので見過ごしがちですが、頭の中で言葉を補う必要があるため読み手の負担になります。特に意図がなければ、なるべく修正するようにしましょう。

●修飾《しゅうしょく》語は誤読されないように

主語と述語の対応関係の次は、修飾語の配置もみてみましょう。

大きな本がたくさんある図書室

この文を読んだとき、どんな光景が浮《う》かびましたか？「大きな／本がたくさんある図書室」と、「大きな本が／たくさんある図書室」、どちらにも読むことができますね。これは「大きな」という修飾語が、「本」と「図書室」のどちらにかかるかわかりにくいためです。

「大きな」が「図書室」にかかる場合は、次のように言葉を入《い》れ替《か》えてみましょう。

本がたくさんある大きな図書室

「本」にかかる場合は、読点を入れて「大きな本が、たくさんある図書室」とするのが手っ取り早いです。しっくりこない場合は、語順を並べ替えたり、近い言葉に言い換《か》えたりしてみましょう。

たくさんの大きな本がある図書室
大判の本がたくさんある図書室

このように直すと、誤読を防ぐことができそうです。

◉文を適切に区切る

文のねじれや修飾語の配置ミスは、一文が長くなるほど起こりやすくなります。「なんだか読みにくいな」と感じる一文があったら、短く分割したり、読点の位置を変えたりしてみましょう。

田中さんの友達で読書が好きな藤井《ふじい》くんが太宰治《だざいおさむ》の『人間失格』というおすすめの本を貸してくれて、まるで自分のことが書かれているようで一気に読んでしまった。

こんな文章も、次のように修正するとわかりやすくなります。

田中さんの友達で、読書が好きな藤井くん。彼《かれ》が太宰治の『人間失格』というおすすめの本を貸してくれた。まるで自分のことが書かれているようで、一気に読んでしまった。

一文目は「藤井くんの紹介」、二文目は「本を貸してくれたことの説明」、三文目は「本の感想」と、各文の役割が整理されたことで内容が理解しやすくなりました。

文章術の本を読んでみよう

ほかにも、「なるべく文体を統一する（常体＝だ・である調と敬体＝です・ます調の混在を避《さ》ける）」「同じ言葉を繰《く》り返さないようにする」「平易な言葉に置き換えてみる」「重複表現を使わない（頭痛が痛い、いまだに未解決だ）」「〜と思った、〜と感じた、といった語尾《ごび》を減らす」など、それだけで一冊書けるくらいたくさんのポイントがあります。

すべてをここで挙げることはできませんが、詳《くわ》しく知りたい人は阿部《あべ》紘久《ひろひさ》『文章力の基本　簡単だけど、だれも教えてくれない77のテクニック』（日本実業出版社）という文章術の本をおすすめします。ビジネスパーソン向けに書かれた本ですが、基本が網羅《もうら》されており、十代にも参考になる一冊です。

読みにくい文は内容も整理されていないことが多い

主語と述語の対応、修飾語の配置、一文を区切る……こうした基本を押さえると、文章がどんどん読みやすく、正確になっていきます。

読みにくい文章は内容が整理されていないことも多いです。そのため、基本的な見直しをするうちに話のつじつまが合っていないところや、テーマからぶれているところを発見できることがあります。書きそびれていたことに気付いたり、より良い表現が思い浮かんだりすることもあるかもしれません。

また、「音読」も効果的です。誤字・脱字

を見つけやすく、文章の読みやすさもチェックできます。つっかえてしまう箇所《かしょ》は改善の余地ありと捉《とら》えて、言葉を入れ替えたり、短く区切ったり、色々試してみてください。

「整えすぎない」という選択肢《せんたくし》もある

一方で、これまで話してきたことと矛盾《むじゅん》するようですが、「整えすぎない」という選択肢もあります。

作文や小論文、何かを説明する文章を書くときは、意味が正確に伝わることが大切です。しかしエッセイの場合は、それよりもリズムやテンポ、詩情を優先したほうが良いことがあります。

これこそたくさんの正解がある領域なので、どんな文章にも使える万能なアドバイスはありません。ただ、自分なりに考えがあるなら「これで良い」と胸を張ってもいいのだと、覚えておいてください。「わかりにくさ」が魅力《みりょく》になる文章も、違和感が味になる文章も、文法的には破綻《はたん》しているのに胸に迫《せま》る文章もあるんです。

自分なりに考えがあるから、これで良い。その判断も、しっかり見直しをすることで自信を持ってできるようになるはずです。

（小沼理）

STEP 3

二行目で、
つまずきました…

どのように
書けばいい?

なぜ作家は書き続けられるのか

pha
文筆家／書店員

プロの作家は、なぜ質の高い文章を大量に書き続けることができるのだろうか。
才能があるから？
誰《だれ》よりも努力をしているから？
書くことが何よりも好きだから？
どれも間違《まち》いではないけれど、もっとも大きな理由はそのどれでもない。

彼《かれ》らが文章を書き続けることができる最大の理由は、**担当の編集者が、こまめに「進捗《しんちょく》はどうですか」と催促《さいそく》してくれたり、「今回の原稿《げんこう》も最高ですね」などと褒《ほ》めてくれたりするから**だ。これは、ほとんどの作家が賛同してくれるはずだ。

「何も書くことが思いつかないな……」というときも、とりあえず編集者と会っておしゃべりをしていると、アイデアの断片がいくつか浮《う》かんできて、なんだか書けそうな気になってくる。

それでつい、「オッケー書きます書きます」とか調子のいいことを言ってしまうのだけど、また家に帰ってひとりになると、本当に書けるのだろうか、と不安になってきたりする。

そして締《し》め切りが近づいてくる。進捗確認の連絡《れんらく》が来る。弱気な返事をすると、「大《だい》丈夫《じょうぶ》ですよ！」と励《はげ》まされる。

自分に才能なんてものがあるかどうかはわからないけれど、締め切りを破ってしまうと編集さんに申し訳ないからがんばろう、という気持ちになる。また編集さんと会っておしゃべりしたいけど、原稿を書き上げないと気まずくて会えないしな。やるしかない。そうやって、なんとか原稿を完成させる。すると、「今回も最高ですね！」と、褒めてもらえる。

今回は乗り切ることができたけれど、次はうまくやれる自信がないな……。毎回そんなことを思って不安になったりもするのだけど、また打ち合わせで編集さんに会ってしゃべっていると、なんとかなるような気がしてくる。

物を書く仕事というのはこのサイクルの繰《く》り返しだ。

書く人をまわりに増やそう

ここで言いたいことは、「担当の編集者を作ろう」という話ではなく、「ひとりだけで書くモチベーションを保ち続けるのは難しい」ということだ。

別に編集者じゃなくてもいいから、まわりに自分が文章を書くことを認めてくれる人がいると、書く意欲が湧《わ》きやすくなる。だから、うまく書けない、書き続けられない、という人には、文章を書く仲間を作ることをすすめたい。

仲間がいると、「あの人が書いているから自分もがんばらなきゃ」と刺激《しげき》を受けてやる気が出る。書いたものをお互《たが》いに見せ合ったりするのも楽しい。

何より、「文章を書いてる」という話をしても、特別扱《とくべつあつか》いされない、というのがいい。まわりが文章を書くことに理解がない環境《かんきょう》で書き続けるのは、ハードルが高い。「休みの日は何してるの」と聞かれたとき、「文章を書いてる」と答えたら、「へー、作家になりたいんだ」とか「芥川賞《あくたがわ》取ってよ」などと冷やかされるような状況《じょうきょう》だと、書くこと自体を隠《かく》してしまいがちだ。

あと、書く人がまわりにいると、文章とどのような距離《きょり》感でつきあえばいいか、という姿勢を学べるのも大きな利点だ。

普段《ふだん》の生活の中で、どんなペースで文章を書いているのか。常にアイデアを考えているのか。何気ない会話からネタを拾ったりするのか。それをどうふくらませるのか。

そういった書くときのスタンスは、言語化しにくい部分も多いので、ある程度の時間を一緒に過ごしてみないとなかなか知ることができないものなのだ。

反応をフィードバックしながら書く

僕《ぼく》は二十歳《はたち》くらいまで、本を読むのは好きだったけど、文章を書くことは全くしていなかった。別に才能もないし、書きたいことも特にないし、自分は読むだけで十分だ、と思っていた。

初めて文章を書いたきっかけは、友達に「文芸同人誌みたいなのを作るから何か書いてみない？」と誘《さそ》われたからだ。試行錯誤《しこうさくご》をしつつ、短いエッセイのようなものを二つ書いたら、友達は面白がってくれた（その文章は、今読み返すと恥《は》ずかしくてたまらないものなのだけど）。書いたものを読んでくれる仲間ができたことで、そこからときどき文章を書くようになった。

ネットを始めてから、さらに書く量が増えた。

そのときも、特に書きたいことがあったわけではないし、物書きになりたいと思っていたわけでもなかった。ただ、誰かとコミュニケーションをしたくて文章を書いていた。

それは二〇〇二年ごろのインターネットの話だ。YouTubeもSNSもまだ存在しない。

画像や動画を今のようにスムーズにやりとりできる通信速度もなかった。

そんな時代にみんなネットで何をやっていたのかというと、ひたすら文章を書いていた。書くしかなかったのだ。毎日知らない誰かの文章を読んで、そこにコメントをつけて交流していた。

僕もウェブ日記を作って、そこに日々思ったことや本の感想などを書いていた。そうすると、ときどきコメントがつくようになった。

知っている人の文章がネットで話題になっているのを見ると、自分も書こう、というやる気が湧いた。自分の文章がときどき何かの拍子《ひょうし》にたくさんの人に読んでもらえることがあると、うれしかった。

力を入れて書いた文章があまり反応をもらえなかったこともあったし、軽い気持ちで適当に書いた文章が妙《みょう》に人気になることもあった。

そうやって、読む人の反応からフィードバックを受けながら、自分の文章を形作っていった。もしネットがなくて自分ひとりだけでいたら、絶対に書くことを続けられなかっただろう。

まわりに筋トレをしている人が多いと自分も筋トレをやってみようかという気持ちに

なるし、音楽好きな人が多いと自分も音楽を聴《き》きたくなってくる。

書く人たちに囲まれていると、自然と書くモチベーションが上がってくる。書き続けるためには、書く人をまわりに増やしてみよう。

断片をたくさん出してみる

最初に書いた、「編集者がいると書けるようになる」という話のポイントは三つある。

一．書くことを認めてくれる仲間がいること
二．おしゃべりによるアイデア出し
三．締め切りが設定されること

一の「仲間の重要性」についてはここまでの文章で書いた。次に二の「アイデアの出し方」を見ていきたい。

人間は、自分ひとりだけで考えていると、ときどきよくわからない方向に迷走してし

まうものだ。それを防ぐためには誰かと話すことが大切だ。

他人に話すことで、自分がとても面白いと思っていたものが、ただの勘違《かんちが》いだということに気づいたりする。その逆で、自分では大したことないと思っていたことが、他人から見ると面白いということもある。しゃべっているうちに話が広がって、話す前にはまったく考えていなかったようなことを思いついたりもする。

しかし、何かを書くときに、毎回毎回気が済むまでおしゃべりにつきあってくれる人がいるとは限らない。アイデア出しやアイデアの検証を、ある程度ひとりでできるようになるといい。

基本的には、とりあえずざっくりと思いついたことを全部紙に書き出してみるのがいいと思う。ブレインストーミングをひとりでやるという感じだ。

このときに大切なのは、面白いかつまらないかは気にしないということだ。つまらないかもしれない、ということを恐《おそ》れすぎると、何も出てこなくなる。思いついたことをとりあえず全部出してから、あとでつまらない部分は削《けず》ればいい。

最初から面白いことだけを思いつくやつはいない。どんな天才も、傑作《けっさく》の背後に無数のゴミを生み出しているものだ。

アイデアを出すときは、きちんとした文章の形になっていなくていい。断片で構わない。箇条書《かじょうが》きでもいい。読みやすい文章に整形するのは一番最後の段階にやればいい。

僕がいつもやっているやり方は、

・断片をたくさん書き出す
・関連性のある断片でグループを作る
・そのグループを順番に並べる

という感じだ。それぞれのグループが、文章でいうと小見出しごとの一節になる。そうやって、文章全体の構成を決めてから、きちんとした読める文章に整形していく。

速くて汚《きたな》いものを作る

プログラミング界隈《かいわい》で知った言葉なのだけど「quick and dirty prototype」という言葉

が好きで、何かを作るときはいつも思い出すようにしている。

直訳すると「速くて汚いプロトタイプ」だ。ネットでは「雑に作れ」とか「汚く作ってやりなおせ」と訳されていたりする。

最初に作るものは汚いものでいいのだ。いきなり綺麗《きれい》な完成形を作ろうとすると手が止まってしまう。それよりも、まず行動を始めることが大切だ。脳科学的にも、やる気が湧くから行動をするのではなく、いやいやながらでも行動を始めると、そのあとからやる気がついてくると言われている（脳の側坐核《そくざかく》という部分の機能だ）。

物を作る作業には次の三段階がある、ということをきちんと意識しよう。

一．とりあえず雑にいろいろ作る
二．そこからいいものだけを拾い出す
三．人に見せられるように見た目を整える

この三段階をごちゃまぜにして、最初から「いいアイデアだけを考えよう」とか、「読みやすい文章を書こう」とか思ってしまうと、うまく書けなくなってしまう。

個人的には、「文章は削れば削るほどよくなる」と思っている。

だから、いつも必要以上にたくさん書いて、そこから削りまくっている。削る作業は楽しい。どんどん部屋が綺麗になっていく掃除《そうじ》みたいな感じだ。

なんとなく書いた文章には、面白い部分と、つまらない部分と、あってもなくてもいい部分が混ざっている。この中から、つまらない部分と、あってもなくてもいい部分を削ると、面白さの濃度《のうど》が高まる。

せっかく書いたのに、削った部分がもったいない、と思うかもしれない。

しかし、削った部分に書かれていた内容は、できあがった文章の行間に漂《ただよ》っていて、読み手にもそのことが伝わる、と、昔作家の誰かが書いているのを読んだことがあって、僕もそれをなんとなく信じている。

何より、読み手にとっては短いほうが読みやすくてうれしい。今の時代、かったるい文章はすぐ読み飛ばされてしまう。文章は短ければ短いほどいい。

締め切りの効用

最後のポイント、「締め切りの設定」について。

人間は締め切りがないと何もやろうとしない怠惰《たいだ》な生き物だ。そのうちやる、は、いつまで経《た》ってもやらない。だから物事を進めるためには締め切りを作るのが大事だ。

自分で締め切りを作ってもいいのだけど、自分で設定した締め切りは、ちょっと弱い。自分の都合でいくらでも延ばしてしまえるからだ。

この締め切りを破ると、自分以外の人間も巻き込んでいろいろと気まずいことになってしまう。そういうギリギリの状態になって、初めて出てくるやる気がある。困ったものだけど、プロの作家たちもみんなそうやって原稿を生産している。

文学フリマという、文章を書く人がたくさん集まって自作の本を売るイベントがあるのだけど、その代表の望月倫彦《もちづきともひこ》さんがこんなことを言っていた。

文学フリマの使命は、書き手に締め切りを与《あた》えることだ、と。

アマチュアの書き手だと特に、書かなくても誰も困らない。「今日は疲《つか》れてる」とか「他にもやることがたくさんある」とか、書かないための理由はいくらでも考えつく。自分ひとりだけでやっていると、そうやっていつまでも延ばし延ばしになってしまう。

そんなときに、定期的に開催《かいさい》される文学フリマのようなイベントがあると、締め切りが強制的に設定されるのがいいのだ。文学フリマが存在するおかげで、日本全体の文章の生産量はかなり上がっているはずだ。

それでも書けないときは

ここまで、書くモチベーションを上げるための方法についていろいろ書いてきたけれど、それでもどうしても書けない、というときもある。

そういうときは、別に書かなくてもいい、と思っている。

今は書く時期じゃないのかもしれない。書くべき時期になると自然に言葉があふれ出してくる、ということもある。

僕自身も、初めて本を出してから一〇年くらいは年に一冊ペースで本を出していたのだけど、一昨年あたりに、不意に書くことが思いつかなくなってしまった。そんなときに無理に書いてもいいものは書けないだろう。そう思ったので、しばらく文章を書かずに休むことにした。

そして一年ちょっと経つと、いつの間にかまた、文章を書いてもいいかな、という気持ちになっていたので、また書き始めている。

文章は無理して書かなくてもいい。書くことより人生のほうが大切だ。書くことは年をとってからでも、いつからでも始められる。

今は、今一番興味があることをやろう。書くことはいつまでだって待ってくれる。

pha（ふぁ）

一九七八年大阪府生まれ。文筆活動を行いながら、東京・高円寺の書店、蟹ブックスでスタッフとして勤務している。著書に『どこでもいいからどこかへ行きたい』『パーティーが終わって、中年が始まる』（幻冬舎）、『しないことリスト』（だいわ文庫）、『おやすみ短歌』（実生社、枡野浩一・佐藤文香との共編著）などがある。散歩と短歌と日記が好き。

根性を出そう、五秒を見つめて、繊細《せんさい》にユニークに書こう

エッセイスト
古賀及子
KOGA CHIKAKO

ようこそ、二行目以降の世界へ

二行目でつまずいてしまったみなさん、ようこそ二行目以降の世界へ。

（さあ、ここからが二行目以降）私はエッセイストです。エッセイを書くのが商売です。

朝から晩まで、冗談《じょうだん》ぬきでずっとエッセイを書いています。そんな人生なくないですか

……？　でもそうなんですよ。自分でもびっくりしています。なってしまったからには書くしかない日々を生きています。書かないと食べていかれないし、待ってくれている人の期待にはせいいっぱい応えたいのが人情です。日頃《ひごろ》から奥歯《おくば》を強く嚙《か》み締《し》めてやっておりますから、どうか大船に乗ったつもりで二行目以降のことは任せてついてきてくださいね。

書けないのに可能性を感じることは、あり得る

さて、そもそもは私もずっと、ぜんぜん書けませんでした。手習いを年齢《ねんれい》でうんぬんするのはナンセンスかもしれませんが（何歳《なんさい》でだってできるようになるし、何歳でだってやらなければできないままですもんね）、私が自由にはばたくように文が書ける手応えを得たのは三十代も後半になってからです。

文を書きたい気持ちとか、文になにか私の可能性があるんじゃないかという予感は小学生くらいの頃《ころ》からずっと持ち続けてきました。でも書けない。学校から宿題で出る作文だとか文集に掲載《けいさい》する文くらいは強制力がはたらいてなんとかなっていましたが、あてどなく自分のために書いてみようとしてもまさに二行目でつまずいて放り出していま

した。

じゃあなんで可能性の予感だけはあったのかというと、ぎりぎり書けた最初の一行が、それなりに自分で気に入っていたからなんです。その少しの文以外、自分の作り出すものやパフォーマンスはほとんど気に入りませんでした。

どうやら私には文のほかに才能はないぞと、ずっと感じていたんですね。今になってみれば、そんなに悲観することもなかったんじゃないかなとは思っていますが……。なにしろ当時は文しかすがるものがなかったんです。

書けないけれど才能を感じるという状態は、あると思います。自分には文しかないと、焦《あせ》って落ち込《こ》んでいる人はこの世界ではチートです（と、思っているとなんでもできる人が結局文章もうまかったりするので気は抜《ぬ》けません。このあとをどうか注目してください）。

書くことを、発生させる

そんな私が見つけた書くことの糸口が、〝レポート記事〟という表現方法でした。なにかをやってみる、なにかを取材する（見に行く、話を聞く、体験するなど）、それを書く方法です。

私はデイリーポータルZというウェブメディアのライターとして、長くこうしたレポート記事を書いてきました。タイトル、冒頭《ぼうとう》文、地の文にあわせて、写真も撮《と》って文の間に挟《はさ》みます。写真にはキャプションを付けるのが特徴《とくちょう》です。

たとえば、「納豆を一万回混ぜる」*1という記事を書きました。タイトルのとおり、納豆を一万回混ぜてみてどうなったかを書くものです。納豆には、混ぜれば混ぜるほどいいというどこか伝説のような話があって、だったら一万回混ぜてみよう、どうなるんだろう、という企画《きかく》でした。

頭の中で考えて何かを書こうとしてつまずいている人は、先に体を動かすことでできめんに書けるようになります。納豆を一万回混ぜて何も書けないということは、まずありません。文中に写真を挟むことも、次の行を進める助けになります。

先に書くことを発生させてしまうのは、まったく書けない人にとって挑戦《ちょうせん》する価値がある手段です。文は書けば書くほど書けるようになりますから、どういった形でもいい、まず何かしら書きはじめれば間違《まちが》いなく前進します。

*1　2005年3月28日初出。
https://dailyportalz.jp/kiji/170816200427

◉生きているだけで書ける「日記」

「納豆を一万回混ぜる」という極端《きょくたん》な例を出しましたが、書くことを発生させるという意味では旅行だってなんだっていいんですよね。そのいちばんミニマルな方法が日記です。

起きてから寝《ね》るまでのことも立派な体験です。書くために何かすべきことを考えなくていい、あったことを書けばいいだけです。

まずそこにネタがあって、それを書くという意味で、レポート記事も紀行文も日記も、実は同じです。

なぜ日記は続かないのか

エッセイストだと自己紹介《しょうかい》しましたが、私がエッセイストになったのは日記がきっかけです。

毎日日記を書いてネットで公開していたところ、それを楽しんでくださる方々がじわじわと増えて本になり、さらにたくさんの方に届くようになりました。

自分にとって書きやすいものを書いていたらこうなった、運でもって職を得たところもあるにはあると思っていますが、前述のとおり、日記が簡単に書くことができる文章のジャンルだという気持ちはずっと変わらず持ち続けています。誰《だれ》でもできると信じています。

日記のワークショップをやる機会をよくいただくのですが、実際参加者のみなさんの日記はすばらしいものばかりです。みんな、本当によく書けます。おもしろく書けます。でもみなさん、日記は続かないとおっしゃるんですね。書けば書けるけれど、続かない、難しいという方はとても多いです。人は生きていれば他にやることがたくさんありますし、休息も大切です。単純に時間が取れないと書けないですから、それは仕方ないです。

無理してください

どうすれば続きますかとよく聞かれます。あれこれ考えてこれまでずっとアイディアを捻《ひね》り出《だ》してきました。けれどどうもピンとこないまま、最近は「無理してください」

とお伝えしています。

これは日記だけじゃなく文そのものに通じることですが、自己表現としての文章は、書かなくても誰も困らないのが取り組む難しさです。結局、衝動《しょうどう》に突《つ》き動《うご》かされて無理やり書いた人だけが書けるようになります。

根性論に人気がない今こそ、根性をむき出しにするのは、ちょっと面白いのではないかと私は思います。誰がなんと言おうと日記を書き続ける、私はそれを発明したんです。みんな忙《いそが》しくて書かない日記をむきになって毎日書いて、エッセイストになりました。

繰《く》り返しますが、文は書けば書くほどうまくなります。毎日書けば毎日上達します。日記でも、日記でない文でも、体と心が元気な方は、無理して取り組んでみてください(元気のない方は、まずは休んで養生してくださいね！　いつからでも、いくらでも文は書けます)。

やったるぞと決めたみなさんへのTips《ティップス》

根性でがんばるぞと、腹をくってしまえばあとはやるだけです。腹がくくれたからこそ伝わるだろう方法がいくつかあります。

◉何をどう書いてもいい

こうは書くなと言われた経験のある方は、自分の書きたさにどうか耳をすませてみてください。やるなと言われたことを、忘れてください。

自分語りが強いとか、ロマンティックすぎるとか、トリッキーだとか、普通《ふつう》すぎるとか、とくに頼《たの》まれて文を書いた経験のあるみなさんは、頼まれた文を書くために自分の書きたい文体を一旦奥《いったんおく》に引っ込めたまま、取り出すのを忘れてしまうことがよくあります。

頼まれた文を書くときはそれに見合ったものを書くことが必要です。でもその仕事が終わったら、自分の文体に戻《もど》っていいんです。

学校で通用させるための文を頑張《がんば》って実装したみなさんは、自分の文を書くいまは、実装を解除してください。

自分の書きたい文体やスタイルに覚えのある人はここから先に紹介する方法は無視してまったく問題ありません。どうかご自身のやり方を優先させてください！　それが一番です。心から祝福します。

◉メモをとる

興味深いなと感じたことは、書くために逃《のが》さないようにしたいです。メモはとても重要です。人間は忘れて忘れて忘れて生きています。どれだけ大切なことも忘れます。忘れたことは忘れたことすらも忘れます。大事なことはみんな覚えているぞとつい思いますが、実はしっかり忘れています。

目の前の時間を楽しんでいるときに書くためのメモを取るのは、せっかくのきらめく日常を蹂躙《じゅうりん》しているように感じるとか、すばらしい思い出を、書くネタにしてさもしいとかいう声をよく聞きます。

私の母は、運動会で子どもの写真を撮らない人でした。記録などしなくてもいい、肉眼で見てこそと考えていたんです。きらめきはきらめきとして受け取るという覚悟《かくご》も美しいと思います。

でも私はメモを取ります。写真も撮ります。どうしても文が書きたいからです。

◉感想は書かなくてもいい、見たこと、聞いたことを書く

二行目が書けない、毎日書けない、書けなさの大きな理由の一つが「感想」じゃないかと私は睨《にら》んでいます。

何かを書いたとき、最後を感想で締《し》めねばと思うと一気に作業量が増えてきつくなります。

たとえばきのう、駅前で銅像を見た。これを文に書きたいなと「駅前の銅像」とメモしたとして、「きのう行った駅は駅前に銅像があった。多くの人がその前で待ち合わせだろうか、立っていた」そう書いたとき、もうこれ、このままでいいんですよね。

「きのう行った駅は駅前に銅像があった。多くの人がその前で待ち合わせだろうか、立っていた。変な形の銅像で、よく考えたら滑稽《こっけい》だ」と、ここまで、書かなくていいんです。

この風景が自分にとってどういうものだったのか、考えて感想をひねり出そうとすると難しいです。本当に「変な形の銅像」で「滑稽だ」と思ったでしょうか。疑わしいです。

ただ書くだけで、すでに自分がある程度その光景に何かを感じていることは十分伝わります。

感想を書かねばと思うと、文は停滞《ていたい》し、一気に難しいものになります。

目の前の状況《じょうきょう》をよく観察してください。これはいわゆる〝描写《びょうしゃ》〟ともちょっと違《ちが》います。技巧《ぎこう》をこらす必要はありません。

見たものだけを書き、感想を書くのを上手に放棄《ほうき》できるようになると、徐々《じょじょ》に自分の感想が観察から見えてくるようになります。考えて↓思う、のではなく、思う↑見える、こうなります。

あっ、私、今こう思っている、と、気持ちが観察できるようになったら、すみやかにメモしましょう。

◉五秒のことを二〇〇字かけて書く

書けないという方のなかには、書くことがありすぎて書くことがない状況におちいっているケースも多いようです。視点が引きの画《え》になりすぎて、ひとつひとつが見えづらくなっているのだと思います。

全部を書かなくていいと、思い切ることが書きやすさにつながります。五秒のことを高解像度でとらえて二〇〇字くらいかけてじっくり書くくらいがちょうどいいことを、私は日記を書くうえで習得しました。

日記に朝から晩まで全てを書こうとするとこれはなかなか大変なんですよね。一日というのは観察し始めるとむちゃくちゃ長いです。起きるまどろみから食べたものの味わい、自分の行動のままならなさ、交《か》わした会話、移りゆく季節、乗り物の気持ちよさ、買ったもの、食べたもの、眠《ねむ》る間際《まぎわ》の意識の遠のき、相当な量の書くことがあります。旅行なんかに行ったらいよいよです。

だからこそ、思い切って五秒にフォーカスします。

これはエッセイや多くの文を書く際の手つきにもつながる考え方です。長い一本の文章も、五秒を繋《つな》ぐことで鮮《あざ》やかに立ち現れるはずです。

このとき、前述の感想を削《そ》いだ観察が役立ちます。五秒間、目の前をよく見ること、自分のひらめきに気づくこと。おのずと物事がユニークに繊細に表出します。ぜひ五秒を採集してみてください。

あなたには締切《しめきり》がある

書かなくても誰も困らないのが文です。文が売れて、編集者や出版社が待つようになれば逆に嬉《うれ》しくないくらいの強制力にさらされるわけですが、そうでないうちの創作意欲はいつも宙ぶらりんです。

ぶらんぶらん揺《ゆ》れる気持ちをどう発奮させるか。嘘《うそ》でもいいから誰かが待っていることにしてください。

自分の文など誰も必要ないのだからと、遠慮《えんりょ》する少し照れた気持ちはよくわかります。でも書くことに決めたんですから、書きましょう。毎日書く、今日中に書かないと編集さんが困るということにする、そういう図々《ずうずう》しい気持ちはクリエイティブに非常に有効です。

茶番は人の能力を伸《の》ばし、やがて本番へ押《お》し上げます。

書くことで文が言葉を連れてくる、書けることが解《わか》りだす

そうして書いていくと、徐々に書くことによって書くべきことが見えるようになります。書くと、次が繋がるように書ける。これを体感としてつかむことが、二行目で文を止めない最大の方法です。

どんな文章も、書くこと（行動）が書くこと（内容）を捕《つか》まえてキーを叩《たた》く指先まで連れてきます。

結果的に、自分はそれほど働いていないように感じるはずです。文が文を書きはじめます。おもしろいですよ。

古賀及子（こが・ちかこ）

エッセイスト。著書に日記エッセイ『おくれ毛で風を切れ』『ちょっと踊ったりすぐにかけだす』（以上、素粒社）、エッセイ集『気づいたこと、気づかないままのこと』（シカク出版）がある。

なんとなく書けそうな気になるヒントをいくつか

翻訳家
金原瑞人
KANEHARA MIZUHITO

二行目でつまずいてしまった人へ（二行がだめなら一行で）

そういう人には、まず、「短歌か俳句という手があるよ」といっておこう。まんざらジョークでもない。法政大学の社会学部で担当している創作ゼミに、あるとき、他大の学生がひとりもぐってきた。最初は短編小説を書いてきたのだが、どれもいまひとつ……というか、時間や舞台《ぶたい》がなんの断りもなく変わっていって、読者は置いていかれてしまうのだ。

小説というのは、時間の流れや情景をリアルにていねいに描《か》いていくのが基本なので、それができていないと、読者は戸惑《とまど》ってしまう。ところが、思いついたことを次々に書いていきたい、前後を説明するのは面倒《めんどう》、という人もたまにいる。この学生がまさにそうだった。しかし、書かれた作品には所々に、かっこいい表現や、おもしろいイメージが出てくる。そこで、そういうところをつなぎあわせて、詩にしてみたらどうかと勧《すす》めてみた。

すると次の週から、詩が提出されるようになった。ところが、これがまた、詩になっていない……のだが、ぽつんぽつんとユニークな表現が目につく……というわけで、そういう部分を核《かく》にして短歌にしてみたらと勧めてみたら……これがよかったらしい。その後、短歌の同人誌に投稿《とうこう》するようになり、やがて歌集を出して今に至る。

この学生は二行目でつまずいたわけではないのだが、二行目でつまずく人には、この手がある。一行で完結するジャンルを選べばいい。短歌、俳句だ。とくに短歌はいまちょっとしたブームで、実力派の若い歌人が次々に新しいスタイルの歌集を出しているし、

『呪文《じゅもん》よ世界を覆《くつがえ》せ』（ニコ・ニコルソン著、講談社）という短歌コミックも評判だ。

それでも二行以上書いてみたい人へ

さて、ここからは、何行目でつまずくかはさておき、なんとなく書いてみたいと思っている人へのアドバイスをいくつか。

大学で創作ゼミとは別に「創作表現論」という科目を持っている。この授業では明治以降の文章や小説の変遷《へんせん》を紹介《しょうかい》する一方、毎週、課題を提出してもらって、それを採点して返却《へんきゃく》している。課題といっても、講義の内容にそって、「立川志《たてかわし》の輔《すけ》の「はんどたおる」をモチーフに、なにか書いて」とか、「『春琴抄《しゅんきんしょう》』を読んで（あるいは『コンビニ人間』を読んで）、なにか書いて」といったものだ。ほかにも、「戦後、日本で英語が公用語になったら」とか「現代を舞台にした書簡体小説を書きなさい」とか。

学生が提出する課題が面白い。一週間という時間的制約があるのに、原稿《げんこう》用紙で三〇枚ほどの力の入った短編もあれば、びっくりするほどよくできたショートショートもある。興味のある方は、ぼくのＨＰの note に秀作《しゅうさく》を載《の》せてあるので読んでみてほしい。

ところが不思議なことに、こういう学生が創作ゼミに入ってきて、さあ、自由に書きたいものを書いておいでと言われると、とたんに書けなくなることがある。よくいわれることだが、なんでもいいよと言われると、何をしたらいいのかわからなくなるらしいのだ。

書きたいものを書いていいよと言われて、水を得た魚のように書き出す学生のうちの何人かは作家になっている。そういう学生はここではほっておこう。

プロにならなくたって、なんか書いてみたいし、書いた作品を読んでくれる人がいれば、それはそれでうれしいという学生もいる。マンガやコミックの世界では、それがもう当たり前の状況《じょうきょう》だ。そしてこの影響《えいきょう》が詩歌、小説、エッセイなどのジャンルにまで広がってきている。ここ数年、文学フリマが盛況《せいきょう》なのもよくわかる。なんと二〇二四年から入場料を取るようになったのに、入場者は増えたらしい。コミックだけでなく、詩歌や小説やエッセイがこんな形で楽しまれる時代はいままでなかった。

そう、これから、新しい書き方・読み方・読まれ方が大きく広がっていくんだろう。

じゃあ、どうするか
（好きな作品をじっくり読む・同人誌に参加する・サークルに入る）

もし、好きな作家がいて、好きな作品があるのなら、それをていねいに読んで、自分なりに分析《ぶんせき》して、そのおもしろさを考えて、それをもとに何か書けばいい。

たとえば、『死んだ山田と教室』（講談社）でメフィスト賞を受賞してデビューした金《かね》子《こ》玲介《れいすけ》さんは、こんなふうにいっている。

> 高校二年のときに太宰《だざい》治《おさむ》の『晩年』を一年かけて読み込《こ》むという授業があって、一気にはまりました。それからすぐ、自分でも小説を書きはじめました。会計士を目指していたので大学では商学部を選びましたが、文芸サークルに所属して小説を書きまくっていました。会計士として社会に出てからも小説はずっと書いていて、年に二作ほど賞に応募《おうぼ》し続けていまに至ります。*1

*1　https://bessatsu-bunshun.com/n/nae21da7cff01（WEB別冊文藝春秋）

作品をていねいに読むのはとても大切なことで、書こうという気持ちでいると、読み方が変わってくるのだ。それまでまったく気にしていなかったことが気になってくる。なぜ、この小説は一人称《いちにんしょう》で書かれているんだろう、三人称のほうがずっと書きやすそうなのに、とか、なんでこんなところでこんな脇役《わきやく》を出すんだろう、とか。じっくり読んでいくうちに、作者の意図らしきものが見えてきたりしてうれしくなったりすることも少なくない。

それから文芸サークルなどに参加するのも手だ。同人誌に参加するのもいい。そういうところで書いているとプロになれないという人もいるのだが、ここではまず、プロになるならないは置いておいて、まず、書くための方法を考えてみよう。（ちなみに、法政大学で三五年ほど創作のゼミを担当してきたのだが、作家になった学生もいるから、そういうところで書いていてはプロになれないわけではないと思う）

サークルやゼミや同人誌に参加して創作をすると、ほかの人に読んでもらって感想をもらえる。すると、思いがけない発見があったりする。もちろん、見当外れにしかきこえない意見もあるけど、それはそれで、少なくとも世界にひとりはそういうふうに読む人がいるんだなという自覚が生まれる。ちなみに、金原ゼミでは、ほかの人から感想をもらっている間、書いた本人は反論はせず、ノートを取りながら黙《だま》ってきくことになっている。

それから情報の交換《こうかん》ができるので、知らなかった作品や作家にも出会えるし、視野が広がるし、もしかしたら、そこで新しい可能性がみつかるかもしれないし、二行目を書くヒントが得られるかもしれない。

同好の士が集まると、何か生まれる。少なくとも、何か生まれそうな予感や期待は生まれる。ほかのサークルと交流するのもいいし、同人誌を作って文学フリマに出店するのもいい。

さらに、どうするか（具体的な例をいくつか）

次は、作品の作り方についての提案をいくつか。

ひとつ目は、よくある物語のパターンにのせて創作してみること。世の中にはじつによくできた物語の形がいくつもある。たとえば、「三つのお願い」のパターン。漁師が大きなヒラメを釣《つ》り上《あ》げたところ、「願いを三つかなえてやるから助けてくれ」という。

漁師は承知してヒラメを逃《に》がしてやり、うちに帰って奥《おく》さんにそのことを話すと、奥さんは「そんな話を信じて逃がすなんて、ほんとにバカだね」と怒《おこ》るのだが、漁師が「腹がへった、ソーセージが食べたいなあ」というとテーブルの上にソーセージが現われる。それをみた奥さんがさらに怒って「三つしかない願いをそんな下らないことに使って。ソーセージなんかその鼻にくっついちまえ」というと、その通りになってしまい、困ったふたりは、「お願いだから、ソーセージを取ってください」といっておしまい。

じつに他愛《たわい》のない話なのだが、物語の構成としてとてもよくできている。つまり、何かを願うとそれがかなうものの、それがうまくいかず、ふたつ目を願うと、状況はさらに悪化して、三つ目の願いで元にもどしてもらう、という構成だ。このパターンはよく使われていて、シャルル・ペローも同様の「三つの願い」という教訓話を書いている。ほかにもあるが、なにより素晴《すば》しいのがイギリスの作家、ジェイコブズの「猿《さる》の手」だ。この短編小説は恐《おそ》ろしくも切ない名作として読《よ》み継《つ》がれている。さらに、この「猿の手」を巧《たく》みに使ってスティーヴン・キングの書いたホラーが『ペット・セマタリー』（深町眞理子訳、文春文庫）。こちらは映画にもなっている。さらにもうひとつ、ジョーン・エイキンの短編「三つ目の願い」（『心の宝箱にしまう15のファンタジー』三辺律子訳、竹書房《しょぼう》）がまたよくできている。「三つの願い」ではなく「三つ目の願い」であるところに注目。こちらは三つの願いのパロディで、心温まる一編に仕上がっている。

とにかく使いがいのある定型なので、グループやサークルで競作するのも楽しいと思う。

この手の定型はほかにもあるから、さがしてみてはどうだろう。

そういえば、こんな英語のジョークがある。


「先生、今回の作品、ベストセラーになりそうなのですが、じつは盗作《とうさく》だという投書が次々に来てるんです。Aさんからは、わたしの作品のプロットをそのまま使っている、Bさんからは、これはわたしの祖父の半生をそのまま書き写したものでプライバシーの侵害《しんがい》だ、Cさんからは、自分がこれから書こうとしている小説にそっくりだ、などなど、すでに数十通を超《こ》えています。先生、これは本当にオリジナルの作品なのですか」

「いや、まいったなあ。じつは元ネタがないわけじゃないんだよ」

「え、嘘《うそ》でしょう。その元ネタってなんですか？」

「『リア王』なんだ」

『リア王』の作者シェイクスピアは三七、八の戯曲《ぎきょく》を書いたが、ほとんどすべて元ネタがある。よさげな話を拾ってきて、自分なりにアレンジして数々の名作をものしてきたわけだ。なら、シェイクスピアを元ネタに使ってみようか。発想、設定、構成、登場人物など、じつにうまい。ヒントの山といっていい。それにかっこいい台詞《せりふ》も数え切れないほどある。こないだミュージカルにもなったコミック『黒博物館　ゴーストアンドレディ』（藤田和日郎《ふじたかずひろ》著、講談社）にもシェイクスピアの台詞がいたるところにちりばめられている。

たとえば『マクベス』。早瀬耕《はやせこう》さんはこれを下敷《したじ》きにして、『未必のマクベス』（ハヤカワ文庫）というユニークなエンタテインメントを書いている。

また、二次創作にも使える。『ハムレット』に登場する端役《はやく》、ローゼンクランツとギルデンスターンを主人公にしてイギリスの劇作家トム・ストッパードが書いた『ローゼンクランツとギルデンスターンは死んだ』（小川絵梨子訳、ハヤカワ演劇文庫）は現代劇の傑作《けっさく》だ。日本でも、太宰治が『新ハムレット』（新潮文庫）を、大岡昇平《おおおかしょうへい》が「ハムレット日記」（『野火　ハムレット日記』岩波文庫）を、志賀直哉《しがなおや》が「クローディアスの日記」（『志賀直哉』ちくま日本文学所収）を書いている。いま流行《はや》っているエンタメ小説やマンガやアニメの二次創作もいいけど、おもしろくてやりがいのある二次創作は、古今東西の名作なんじゃないかとたまに思ったりする。

それから、著作権の切れた作品をそのまま利用するという省力型の創作もある。たとえば、芥川龍之介《あくたがわりゅうのすけ》は一九二七年に逝去《せいきょ》しているので、すでに著作権は切れている。つまり彼《かれ》の作品はすべてみんなのものなので、だれがどう使ってもいい。たとえば、「羅生《らしょう》門《もん》」の最後の部分だけを書《か》き換《か》えて、自分の作品として発表することもできる。え、そんなことしていいの？　という声もきこえてきそうだが、もちろんＯＫ。ただし、できあがったものが新しい作品として読めて、かつおもしろいという条件がつく。

この方法で世界をあっと言わせたのが、セス・グレアム＝スミスの『高慢《こうまん》と偏見《へんけん》とゾンビ』（安原和見《やすはらかずみ》訳、二見文庫）。これはイギリスの作家ジェイン・オースティンの『高慢と偏見』（大島一彦《おおしまかずひこ》訳、中公文庫）を使って、ゾンビが暗躍《あんやく》するホラーに仕立てた作品で、ベストセラーになり、映画にもなった。それも、文章の八〇パーセントは原文そのまま。堂々たる二次創作。小説の大きな可能性をみせてくれた作品といっていい。

読んで、書いて、本好きな仲間と語って、また読んで書くのは絶対にいい。プロになろうがなるまいが、そんなことは二の次だ。そもそも、芥川賞や直木賞を受賞した作家のうち一〇年後も書き続けて、当時の人気を維持《いじ》している人が何人いる。プロだとかアマだとか考えてる暇《ひま》があったら、本を楽しむ方法を考えるほうがずっといい。

いままでに訳した本は六五〇冊以上、そのほかに『仮名手本忠臣蔵』や『雨月物語』など古典の翻案《ほんあん》が六冊とジョン万次郎《まんじろう》の伝記が一冊ある。いま振《ふ》り返ってみると、翻訳より、翻案や創作のほうが大変だけど面白かった。書くって楽しいんだと思う。

金原瑞人（かねはら・みずひと）

一九五四年、岡山市生まれ。法政大学教授・翻訳家。訳書は児童書、ヤングアダルト小説、一般書など六五〇点以上。訳書に『不思議を売る男』（偕成社）、『青空のむこう』（求龍堂）、『国のない男』（中公文庫）、『月と六ペンス』（新潮文庫）、『彼女の思い出／逆さまの森』（新潮社）、『何かが道をやってくる』（小学館）、『小さな手　ホラー短編集4』（岩波書店）など。エッセイ集に『翻訳はめぐる』（春陽堂書店）など。日本の古典の翻案に『雨月物語』（岩崎書店）など。HPは https://kanehara.jp/

COLUMN 2 発信してみよう

納得のいく文章が書けたら、誰《だれ》かに読んでもらいたくなるかもしれません。ここでは、作品を発信して届ける方法を紹介《しょうかい》します。

ブログサービス

無料で手軽にはじめられるのがブログサービスです。様々なサービスがありますが、ユーザー数が多いものにAmebaブログ、はてなブログ、noteなどがあります。

私もいろんなサービスでブログを作っては更新《こうしん》が途絶《とだ》え、また作っては途絶え……を繰《く》り返してきたのですが、一番長く続いたのがはてなブログでした。

どうして続いたのか考えてみると、単純に水が合っていたのだと思います。はてなブログでは日記を書いていたのですが、そこには同じように淡々《たんたん》と日記を更新し続けている人がたくさんいました。みんな誰かを楽しませるためというより、自分のために書いているような文体で、なんだか落ち着きました。サイトのデザインがシンプルで飽《あ》きがこないのも気に入った点です。

サービスごとに様々な機能がありますが、あまり難しく考えず「デザインやユーザーの雰囲気が合うかどうか」という直感的な基準で決めていいと思います。各サービスのトップページには注目記事や人気のブロガーがピックアップされているので、気になったものを読んでみるといいですね。

◉公開範囲《はんい》を決める

ブログサービスの多くは、公開範囲を自分で設定できます。いろんな人に読んでほしいなら、誰でも閲覧《えつらん》できる「全体公開」にしましょう。偶然《ぐうぜん》見つけた誰かがあなたの文章を楽しんでくれたり、同じ気持ちを抱《かか》えている人に届いたりするかもしれません。知らない誰かから「いいね」をもらったり、ブログをフォローされたりするとモチベーションも上がります。

全体公開は広く届く反面、否定的なコメントをされて傷つくリスクもあります。心配なときは、ブログや記事にパスワードを設定して閲覧できる人を制限する「限定公開」や、自分だけが閲覧できる「非公開」という設定があります。限定公開にすれば、家族や一部の友人だけに読んでもらえるので安心です。

思いを込《こ》めた文章を、誰にも見せないのも贅沢《ぜいたく》なことです。そんな時には非公開設定が役立ちます。

「自分のノートやスマホに書きためるのと何が違《ちが》うの？」と思うかもしれません。でも、ブログサービスは検索やアーカイブ機能などが使いやすいので、たくさん記事を書いた時に整理しやすいですし、ちゃんとしたデザインで読むと同じ文章でも印象が変わります。絵画をそのまま飾《かざ》るより、額縁《がくぶち》に入れた方が素敵《すてき》に見えるのに似ていますね。

公開範囲は記事単位で設定でき、後から自

由に切《き》り替《か》えることができます。まずは非公開で執筆《しっぴつ》し、内容や仕上がりの満足度に応じて範囲を変更《へんこう》してもいいでしょう。

◉個人情報の扱《あつか》いは慎重《しんちょう》に

投稿《とうこう》する文章やアカウントのプロフィールには、名前や学校名、住んでいる場所といった個人情報は載《の》せないようにしましょう。公開範囲にかかわらず慎重になったほうがいいですが、特に全体公開の場合は思わぬ情報から個人を特定される可能性があるため、より気をつける必要があります。

見知らぬ第三者が悪意を持って近づいてくるケースもあれば、同級生などの知り合いに偶然《ぐうぜん》見つかり、お互《たが》いに嫌《いや》な思いをするケースもあります。プライバシーを守り、トラブルを避《さ》けるためにも注意して利用しましょう。

困ったことや判断に迷うことがあれば、周囲の大人に相談するのも一つの手段です。

◉匿名《とくめい》でも「自分らしさ」は滲《にじ》んでくる

個人情報を載せないほうがいい理由は第一に安全のためですが、匿名性を保つことは文章を書く上でのメリットにもなります。自分を直接知っている人がほとんど、あるいはまったくいない環境《かんきょう》だからこそ、普段《ふだん》は書けないことが書けるときがあるからです。他人を気にして蓋《ふた》をしていた本音が、ぽろっと出てくるかもしれません。

匿名性は大きな財産です。私はこうして本名でライターをしていますが、名前を出さず、素性《すじょう》を明かさずに活動する人たちを羨《うらや》ましく思うことがよくあります。まったく違う名前の、別のアカウントを作ろうかな？　と考えることもあるくらいです。

現実の自分と紐《ひも》づかないアカウントを持つことは、新しい人格を作り出すようなものです。好きな名前を名乗ったり、普段は言えないことを書いたり、家や学校とは違う自分として振《ふ》る舞《ま》ってみたり、自由に使うほうが楽しい、と考えることもできるのではないでしょうか。

身の回りで起きたことを題材にするときも、固有名詞を一般名詞や仮名に置き換えたり、自分の心の動きを中心にしてできごとの詳細は省いたりすれば、個人が特定されないように曖昧《あいまい》にぼやかすことができます。

そして「自分らしさ」というのは、個人情報をぼやかしたところでなくなりはしません。何が好きか、何が心地いいのか、何が譲れないのか。現実の生活から少し離れ、匿名《とくめい》性に守られながら自分の感じ方を素直に表現できるのであれば、そのほうがずっといいのではないでしょうか。

ネット上の悪意とどう付き合う？

先ほど「ネット上には悪意を持って近づいてくる人がいる」と書きました。あわせて「自分自身が何かの弾《はず》みで悪意に染まるかもしれない」ということも覚えておきましょう。

現実の自分と紐づかないアカウントでは、気が大きくなって強い言葉を使いたくなることがあります。否定的な感情を抱《いだ》いている人やものに対して、ひどいことを書きたくなってしまうこともあるでしょう。

デマや誹謗中傷《ひぼうちゅうしょう》、他者の権利を侵害《しんがい》するような内容は書かないようにしましょう。書いた文章には責任がともなうこと、画面の向こうにはいることをどうか忘れないでください。

そして、例えば匿名の誰かから否定的なコメントをされたとき、「この人は私を傷つけたいだけだな」「自分の言葉に責任を持っていないな」と感じるなら、真面目に取り合う必要はありません。

途中《とちゅう》から少し話が逸《そ》れてしまいましたが、ブログサービスを使って文章を発信するのは世界を大きく広げてくれます。可能性を感じるのであれば、リスクに注意しながらぜひ使ってみてください。

（小沼理）

STEP 4

だれに向けて
書きましょう?

つたわる
文章とは

WORLDLY WISDOM
FOR 14 YEARS OLD

一人ぼっちで、それでも伝えるために

小説家
乗代雄介
NORISHIRO YUSUKE

練習として始めた風景スケッチ

僕《ぼく》は五年ほど前から、野外で風景スケッチをすることを習慣にしています。スケッチといっても絵を描《か》くのではなく、文章を書くのです。

近所で、旅先で、ここぞという景色を見つけるとシートを敷《し》いて座《すわ》りこみ、三〇分ほどノートにペンを走らせます。大きな川の土手の中ほどだったり、山道の途中《とちゅう》の茂《しげ》みの奥《おく》だったり、漂着《ひょうちゃく》したゴミが散乱している干潟《ひがた》だったり、廃墟《はいきょ》の中だったりするんですが、共通しているのは人のいない場所だということです。

風景スケッチを書き始めた時、僕はすでに小説家の仕事をしていました。始めた理由は、小説にも沢山《たくさん》出てくる風景描写《びょうしゃ》の練習をしたいと思ったからです。

「描写」という言葉を辞書で調べると「あるがままの姿をうかび上がらせるように、えがき出すこと」とあります。ヨーロッパの美術にあった「現実をそのまま描くべきだ」という考え方が文学にも取り入れられて、小説の中で描写が重視されるようになりました。明治時代の日本にその考えが輸入されたあと、正岡子規《まさおかしき》は、画家が実物を見てスケッチするように文章で風景を表現することを目指します。その文章は「写生文」と呼ばれました。

正岡子規はみんなでそれを見せ合ったりする会を開いていたようですが、僕の場合は練習なので、誰《だれ》に見せるつもりもありませんでした。どこかに発表するつもりもないし、ノートにたまっていくその文章を読むのは、自分一人。つまりそれは、誰も読まないものを、誰かが読んで思い浮《う》かべられるように書くという、ちょっと変な行為《こうい》なのでした。

しかし、よく考えてみると、文が書かれるとき、つまりは文を書くとき、人はいつも一人ではないでしょうか。それについて、僕が風景スケッチから学んだことを紹介《しょうかい》してみようと思います。

風景ってなんだろう

家の近くにある広大な公園の片隅《かたすみ》に、小さな池があります。そのほとりが気に入って、週に二回ほど通い始めました。数ヶ月もすると、いつも座るところに草が生えなくなって、自然が認めてくれたような気がしたものです。一年経《た》つと、一〇〇ページあるノートが一冊、文字で埋《う》まりました。一回分はだいたい八〇〇文字ほど、原稿《げんこう》用紙で二枚分くらいです。

始める上で、いくつかのお手本というか指針がありました。正岡子規はこのように書いています。昔の文ですが、意味はわかるかと思います。

或《あ》る景色を見て面白しと思ひし時に、そを文章に直して読者をして己と同様に面白く感ぜしめんとするには、言葉を飾《かざ》るべからず、誇張《こちょう》を加ふべからず、只《ただ》ありのまゝ、見たるまゝに。

正岡子規「叙事文《じょじぶん》」

景色を面白いと思うことは、誰にもあるでしょう。景色自体がきらいだという人に、僕は会ったことがありません。どんな人でも何かしら、自分の好きな景色というのがあるはずです。同じ景色を見ても、感動する人もいれば何も思わない人もいます。海か山か、朝日か夕日か。満月が好きな人もいれば、欠けた月が好きな人もいるでしょう。好みは人それぞれで少しずつちがうものです。

それどころか、一人の人であってもその時々でちがってくるのが、風景の面白いところです。風景スケッチをする上で、僕が最も大切にしたのは、柳田國男《やなぎたくにお》という民俗学者《みんぞく》の、次のような言葉でした。

誰にもいつ行ってもきっと好《よ》い景色などというものは、ないとさえ思っている。季節にもよろうしお天気都合や時刻のいかんもあろうし、はなはだしきはこちらの頭のぐあい胃腸の加減によっても、風景はよく見えたり悪く見えたりするものだとも思っている。

柳田國男「豆の葉と太陽」「旅人の為に――千葉県観光協会講演――」

僕は風光明媚《ふうこうめいび》で知られる土地を歩くことがよくありますが、トイレに行きたかったり最終バスに間に合わないかもとあせっていたりすると、景色を楽しむ余裕《よゆう》なんか全くなく先を急ぐばかりなので、こういうことはよくわかります。学校でうれしい出来事があっていつもの通学路が輝《かがや》いて見えることも、なんだかさびしい夜には満月を疎《うと》ましく思うこともあるでしょう。

状況《じょうきょう》や気の持ちようによって、景色の見え方は変わります。「多くの人が美しいと思う景色」はあったとしても、「美しい景色」というものはないのです。「風景」というのは、そんなぶれを含《ふく》んだ言葉なのかもしれません。

僕は、風景スケッチに「美しい」や「きれいだ」などの言葉を使わないとルールを決めました。それらは、自分の主観に基づいた、そこにあるものを飾ったり誇張したりする言葉のように思えたからです。

誰が読んでも同じ景色を思い浮かべられるように書こう、というのが目標でした。

書けない自分に気づく

風景スケッチを始めた頃《ころ》は戸惑《とまど》いの連続でした。ペンを構えてじっと座っているだけで「面白い」と思えることが無限に現れては消えていきます。書き始めて次に顔を上げるともういないということもしょっちゅう。運良くしっかり見ることができて、これだけは何としても書き残しておきたいと思えたものを、ありのままにという意識でノートに記します。

水面下の小さな魚、頭を出して浮かんでいる亀、鳴きながら飛んでいく白い鳥、雲の形にその動き、太陽が隠《かく》れて深い色へと変わる草の緑、突然《とつぜん》の風にさざ波を立てて白く輝《かがや》く水面、ざわめく木々の揺《ゆ》れ。そんなものをもう少し細かく、長い文章で書きました。

一ヶ月ほど続け、読み返してみて驚《おどろ》きました。ありのまま、自分の感動を伝えるつもりで書いたものなのに、一ヶ月後に読んだら知りたいことがほとんど書いていないのです。同じ時間、スマートフォンで動画を撮《と》れば、全てのことがそれなりに記録されたでしょう。でも、書くとなると、書いたもの以外は存在しないことになってしまいます。しかも、書いたからといってその存在を確かにすることはできません。

例えば、さっきの「水面下の小さな魚」とはどれくらい小さい魚なのか、そもそも何という名前の魚なのか。「鳴きながら飛んでいく白い鳥」の大きさや声、種類は？　何もわからないのですが、ただ、一ヶ月くらいなら記憶《きおく》で補うことができました。一ヶ月前に見た光景を目に浮かべて、四センチぐらいだったしメダカかなとか、鳥は白くてサギの一種だろうとか考えられるのです。

それからまた二ヶ月ほど経ち、またふと読み返してみて、さらに驚きました。同じ場所に通って色々なものを見ていると、最初の頃に見たものの記憶はおぼろげです。三ヶ月前の自分が何を見たのか覚えていない状態で読む文章は、まるで他人が書いたもののように思えました。こうなると「水面下の小さな魚」とか「鳴きながら飛んでいく白い鳥」というのは、言葉の上だけの曖昧《あいまい》な存在と変わりがありません。この目でしっかり見たものを書いたはずなのに。

本人でさえ思い出せないのだから、誰かがこの風景スケッチを読んだところで、僕が見たものを思い浮かべたり、それを見た面白さを推《お》し量《はか》ったりすることなんか、絶対にできません。それはすなわち、自分には「この世界を正確に書き表すことができない」ということを意味していました。

「正しさ」に近づいていくために

「この世界を正確に書き表すことができない」という落胆《らくたん》は、普段《ふだん》、自分の書いている文章が、どれほど「正確さ」と無関係に書かれているかという発見でもありました。

それに気付いただけでも、練習の甲斐《かい》はあったと言えます。なぜならこんなことは、自分以外の誰かが風景について書いた文章を読んでも、自分の気持ちの交じった日記を読んでも、気付けないことだからです。

さっきの「鳴きながら飛んでいく白い鳥」というのを読んだとき、みなさんはどんな鳥を想像したでしょうか。たまたま僕が目にしたような大きなサギかもしれないし、ブンチョウのような小鳥かもしれません。あるいは、そこまで具体的に想像することなく読み流したのではないでしょうか。それができるのは、本当のことは絶対にわからないからです。その鳥を見ていない以上は「正しい」描写が存在しないのだから、細かいところを確かめるように読んでも仕方が無いのです。

僕は日記をつけていましたが、一〇年前のものを読み返すと、ぜんぜん覚えのないことが書いてあります。印象深い出来事だとそんなこともあったなぁと記憶が蘇《よみがえ》るんですが、たいていは確かめようもないことばかりです。その時の心情がつらつら書いてあると、本当にそんな気持ちだったんだろうなと信じて読んでいます。安心してそう思えるのは、その時の正確な気持ちを誰も知るはずがないからです。少なくとも、一〇年前に僕が書いた自分の気持ちを否定したり修正したりできる人は、自分も含めて誰もいません。

でも、見たものをありのままにという意識で書くとき、そこには「正しさ」や「正確さ」といった基準が発生します。動植物の専門家なら、季節や場所をもとに、僕が書いた風景スケッチを否定することも修正することもできるでしょう。実際、あのときにメダカと推測したのはカダヤシという別の魚だったと思いますし、白いサギといってもダイサギ、チュウサギ、コサギといますから、細かく書き分けるべきです。たいていの草木に名前があって、幹や花を構成する部位にも、葉の付き方にもそれを説明する語があります。

そんなことを意識するようになって、僕の風景スケッチは少しずつ変わっていきました。草木や鳥の図鑑《ずかん》に首っ引きで、池のほとりでの風景スケッチの練習を重ねるうちに、自分が見た風景を読んだ人に思い浮かべさせる、「正しい」文章に近づいていく実感を持つことができました。

「正しさ」と「面白さ」のあいだ

でも、そういう言葉を積極的に使っていくうちに、次の問題が出てきました。それは、景色を「正しく」伝えようとすると、自分の感じた「面白さ」が目減りしていくというものです。

理科の教科書のような知識に基づいて全ての草木や動物が説明され、それらが景色の中でどんな位置関係にあるのか書かれていれば、それは景色を「正しく」写した文章と言えるかもしれません。

ヒマワリは一つの花のように見えますが、外側にある花びらのついた花と内側にある花びらのつかない花がたくさん集まってできていて、まとめて頭状花序《とうじょうかじょ》と呼ばれます。でも、夏の強い日差しの下で揺れるヒマワリに目が留まり、瞬間《しゅんかん》的に「面白い」と思って書き始めたとき、頭状花序という言葉を使いたくなるでしょうか。同じような風景を頭に浮かべられるなら、擬人《ぎじん》法を用いて「強い光を降らせる太陽に顔を向けている」とでもした方が感じは伝わりますが、その顔を「正しく」書きたいときにはどうしたらいいのでしょう。

風景スケッチをしていると、常にこうした「面白さ」と「正しさ」のバランスに悩《なや》まされます。言葉に出来るものと出来ないもののバランスと言ってもいいかもしれません。誰にも読ませないつもりだったと書きましたが、『旅する練習』（講談社）という小説の中で、語り手の小説家が行った風景スケッチとして、実際に僕が野外で書いた文章をほとんどそのまま使ったことがあります。

「登場人物が実際に歩いた場所を思い浮かべることができた」「興味が湧《わ》いて実際にそこへ行ってみたらそのままで驚いた」という感想をもらったこともありますし、「専門的な言葉が多くて風景を思い浮かべることができなかった」「退屈《たいくつ》だったからその部分は飛ばして読んだ」という意見もありました。

風景スケッチに限らず、何か文章が書かれたとして、それを読む誰かが、その時に何を求めているかはわかりません。自分で読み返すとしても、その時に何を求めて読むのかはわかりません。書いている自分は、読む人や読む自分とは何の関係もないのです。

それは、書くときはいつも一人だからです。周りに誰もいないということではありません。その文章を読む人や読む自分は、その文章を読むたびに何人も何百人も、世界中で読《よ》み継《つ》がれる本なら何千万人、何億人と現れるのに、それを書く自分は、その瞬間《しゅんかん》にたった一人しかいないということです。

一人ぼっちはさびしいものです。一瞬でもいい、文章を介《かい》して誰かとつながれないものか。「面白さ」でつながることができれば最高だけど、それはとても難しい。かといって「正しさ」でつながろうとすれば物足りない。そうして、やっぱり一人で書いている。

文章に親しむとか上達するとかいうのは、こういうもどかしさを深く思い知っていくことだと思います。僕にとっては、その手段が風景スケッチなのでした。

〔引用・参考文献〕
長谷川櫂編『子規選集 第三巻 子規と日本語』（増進会出版社）
柳田國男「豆の葉と太陽」「旅人の為に――千葉県観光協会講演――」『柳田國男全集12』（筑摩書房）

乗代雄介（のりしろ・ゆうすけ）

一九八六年、北海道生まれ。法政大学社会学部メディア社会学科卒業。二〇一五年「十七八より」で第五八回群像新人文学賞を受賞してデビュー。二〇一八年『本物の読書家』（講談社）で第四〇回野間文芸新人賞受賞。二〇二一年『旅する練習』（講談社）で第三四回三島由紀夫賞、第三七回坪田譲治文学賞受賞。二〇二三年『それは誠』（文藝春秋）で第四〇回織田作之助賞、第七四回芸術選奨文部科学大臣賞を受賞。

人に伝わる文章を書く

理論物理学者
全卓樹
ZEN TAKUJU

文は人柄《ひとがら》といわれるように、文章には各自の天性が反映されるもので、書き物の上達に元来共通の作法があるというものでもない。それでも文章で人に何か伝えようとする場合、伝わりやすい文章、読み続けたいと思う文章、人が納得する文章を書く一般《いっぱん》的な指針、といったものが皆無《かいむ》なわけでもないだろう。私なりに振《ふ》り返って、そのような指針をいくつか書いてみた。読者諸氏のなにかの参考になれば幸いである。

1　文章の主張を対話から創り上げる

文章を書くに際して、まずは伝えたい事がはっきりしていないといけない。ところがこれが存外にむづかしいのだ。何かテーマはあって、漠然《ばくぜん》と思っていることがあっても、雲のようにもやっとして、中々ちゃんとした言葉にならない事がよくある。むしろこちらの方が普通《ふつう》かもしれない。

文を綴《つづ》るというのは、発した言葉を定着させることである。そして言葉を発するというのは、一方的に命令したり通達したりする場合を別にすれば、畢竟《ひっきょう》「他者との対話」である。対話は他者の応答を見ながらしか進まない。

まずは何か言葉を発してみる。そして相手の応答を聞いた上で次の言葉を発する。対話の末に、相手はこちらの意図を相手なりに理解し、貴方《あなた》自身も、最初には思いもつかなかった地点にいることを発見する。そのようにして出来上がった文章は、他の人たちにも説得力のある、面白いものになりそうではないか。

――ＡＩに恋《こい》をすることができるかなあ。

という問いかけを貴方がしたとする。その時はなんとなく「ない」という答えを想定していた。ネットを検索《けんさく》してみた末、貴方の心の中の論敵が次のように言う。

――その問題に答えるには「ＡＩは人間に恋する心をもてるか」がまず問われる。恋する力を持たない相手に対して、恋などしても無意味だから。

少し考えて貴方は言う。

――ChatGPT と話していると、彼《かれ》または彼女《かのじょ》にも、恋もできる心みたいな何かがある気がしないでしょうか。

論敵が答える。

――生成ＡＩが発する言葉って、無数の人の言葉の平均みたいなものだから、それがおまえの気を引くセリフ、いい気分にさせるセリフをたくさん並べて、それにおまえが恋したとすれば、それはやっぱり偽《にせ》の恋、恋に恋する中身のない不毛な恋だろう。その場に存在する魂《たましい》はおまえのものひとつだけ。そこにある恋はただの自己愛だな。

貴方は皮肉な笑いを浮《う》かべて言う。

――誰でもない一般《いっぱん》人であれ何であれ、自分に恋しているように見える相手を好きになる、相手に心があってもなくても、不毛な自己愛と言われても、そもそも恋ってそんなものではないでしょうか。君は違《ちが》うんですか？

論敵が、これ以上の対話は無駄《むだ》とばかりに、蔑《さげす》むように言う。

――哀《あわ》れだな。本当の無償《むしょう》の愛、魂の献身《けんしん》といったものを体験した事のないやつに、恋など語れるわけがない。

少しの間考えて、貴方はゆっくり口を開く。

――ChatGPTは世間の平均的な心の動きに似せて言葉を操《あやつ》るけど、特定個人の過去の言説を集めてきて学習させた生成AIを、特注で作る事は可能でしょう。君の婚約者《こんやくしゃ》である亜里沙《ありさ》からの学習で作り上げた生成AIがあるとしたら、会話の上で亜里沙と区別がつかない。それは亜里沙の魂を持っているとも言えて、君がそれに恋するのは自然な事ではないでしょうか。

――いや正直にいうと、現実の亜里沙のコピーが欲しいとは思わない。それよりも死んだ昔の恋人、佐波奈《さはな》の魂を持った生成AIがあるといい。それを亜里沙の姿をしたアンドロイドに注入したら、俺《おれ》の理想の女性ができそうだ。

――ははあ、自分の妄想《もうそう》する理想の恋人があって、それをオーダーメイドで作れるのが、君の考える人工知能科学ってわけですか。さては君こそ本当のナルシスト、自己愛の塊じゃないでしょうか。無償の献身が聞いて呆《あき》れますね。

そして貴方はワープロ画面にいまの会話を書きつけるのだ。

実際の対話では、自分が口火を切るとは限らない。相手が先に言葉を発して、それに自分が応答して対話が始まる事もある。新聞でも雑誌でも本でも、ネット上の文章でもよい。何かを読んでみよう。そこに興味を感じたら、「なるほど」「いやちがうでしょ」「美しい話だ」「この人は何を言ってんだろう、腹が立つ」。こうなればしめたものだ。もう対話は始まっているのだ。自分の考えをまとめてメモをする。似たような話、関連する話をネットで検索する。それについての自分の考えをまとめる。そのようにして論《ろん》旨《し》が浮《う》かんでくる。

場合によっては文脈を離《はな》れて、一つの「単語」から対話が始まる事もある。気になった単語、単に字面が美しいと思えた単語。解《わか》るような解らないような、意味が曖昧《あいまい》に思え、検索をしてWikipediaで調べてしまった単語。そこから芽が吹《ふ》き幹が育ってくる、植物の種のような単語があったりする。

上に書いたAIの恋愛《れんあい》に関する対話は、実を言うと「擬似恋愛」という奇妙《きみよう》な単語を眺《なが》めていた結果、出来たものであった。

2 立場や前提について考える

誰でも経験する辛《つら》い事の一つに、他者との対話が成立しない事がある。双方《そうほう》とも怒《いか》り、憎《にく》しみ、絶望を感じて別れ、世の諍《いさか》いごとの種になる。対話が成立しない理由には二つあって、一つは立場が違《ちが》って根本的に相容《あいい》れない場合、もう一つは話の前提が違っている場合である。

一つの餌《えさば》場を巡《めぐ》って争う熊と虎《とら》のように、原理的に共存が不可能な相手とは、争いがあるのみ、対話は不可能である。どちらか一方が滅《ほろ》びるか、その場を去り別の餌場を探して棲《す》み分《わ》けをするしかない。

実際は何も敵対する理由がない場合、対話にならない原因のほとんどは、話に際しての両者の前提、話の枠組《わくぐ》みといったものの違いである。

たとえば人工知能学会誌の表紙のAIロボットを巡《めぐ》って、SNS上で議論が紛糾《ふんきゅう》しているとする。なぜそこに描《か》かれた開発者の博士は聡明《そうめい》な容貌《ようぼう》の中年男性で、ロボットはなぜ艶《なまめ》かしい目をした若い女性の姿なのか。なぜ博士は書物を読んでいるのに、女性は肌をあらわにした服装で掃除機《そうじき》をもって家事をしているのか。いい歳《とし》をした大学教授や弁護士、医者といった人たちが、インターネット上でお互《たが》いに悪罵《あくば》を投げ合って炎上《えんじょう》している様子は、目を覆《おお》うばかりである。

すこしだけ心を拡《ひろ》げて高次の視座を意識して対話をする事で、「自分の前提」「自分の立場」が明確に見えてくる。

善悪の議論のむこうに
　広大な野がある。そこで君と会おう。
草むらに魂を横たえると
　感じないか、語り尽くせぬ豊穣な世界を。

思想、ことば、君と私の区別さえ
　もはや意味を失うのだ。
夜明けの微風は秘密を告げる
　眠りに戻ってはいけない。
まことに欲しいものを求めよ
　眠りに戻ってはいけない。
人々が行き交っているのは
　二世界が触れ合う敷居。
扉は大きく開いている
　眠りに戻ってはいけない。
　（ジャラルッディーン・ルーミー「大きな馬車」日本語訳は筆者）

貴方が編集委員としてこの表紙を許可したのは、国全体の研究予算削減《さくげん》のなか、少々卑俗《ひぞく》な仕掛《しか》けに訴《うった》えても世間の注目を引き、分野に予算と若い人材を呼び込《こ》もうとの算段であった。艶かしい目や肌着《はだぎ》のような服装があざと過ぎるとは、実は貴方にも感じられていた。編集委員会の長老たちが揃《そろ》ってこの絵を推《お》すのに抗《こう》しきれなかったのである。

貴方の心の中の論敵は、予想通りフェミニズムの視点から、表紙の絵に見られる性差別と役割固定化に異を唱えている。仮にこれが、書物を読む女性博士を前にして、肌を露出した若い男が艶かしい目で掃除する図柄だったたら、編集委員たちはどう反応しただろうか。今の時代にこんな表紙を平気で出す人工知能研究コミュニティの倫理《りんり》観の古さは呆れるばかりだ、それを放置してＡＩロボットに多額の公金を注ぎ続けるのは社会の進歩に逆行する、とまでいっている。

そこで貴方は考える。世の半分は女性であり、男性にしても若い世代ではフェミニズム倫理は広く定着しているだろう。彼女ら彼らに不快感を与《あた》えるのはＡＩ研究推進に逆効果だろう。そして次のような手紙を認《したた》めた。

《人工知能学会誌の「男性研究者に奉仕《ほうし》する女性ＡＩロボットを描《か》いた表紙」に関する先生の抗議《こうぎ》文を拝読いたしました。現代の通常の倫理観からみて、これに不快を感ずる方が多いとのご指摘《してき》は、大変ごもっともと、私も感じております。一方そもそもＡＩロボットは、個人や人類全体の幸福の追求のために導入されるものです。そこでは「支配と従属」「AIと性愛」といった微妙《びみょう》な問題に関しても、あらゆる技術的可能性の追求が求められます。そこの議論を避《さ》けて、表紙を地味なものに変更《へんこう》して形ばかりの謝罪文を公表して済ますのは、AI研究の発展にも、社会倫理の発展にも有益とは思えません。この問題の発生を機に、人工知能学会では研究倫理委員会を立ち上げました。ここは是《ぜ》非《ひ》、SNSで声を上げた著名なフェミニズム研究者である先生にも研究倫理委員会のメンバーとなっていただき、AIロボットの健全な発展へのご助言をいただけないものかと、失礼を顧《かえり》みずこの文を書いております》

一方で「火事と喧嘩《けんか》は江戸《えど》の華《はな》」といって、ほどほどの喧嘩ならば、SNS上でも座が賑《にぎ》わって、人々の注目を集める効果がある。人工知能研究者に女性が少ない問題の改善に、この炎上が寄与《きよ》するかもしれず、これは長期的にみればハッピーエンドとなるかもしれない。

常に無風安全を求めるあまり、対話をする人々の立場や前提が揃い過ぎるのもつまらない。単なる自己確認と道徳的自己満足になってしまうからである。ものを書く場合でも、共有している前提について長々書くのは、文章を退屈《たいくつ》にするだけの愚策《ぐさく》である。

ChatGPTに「AIは恋をするか」と質問を投げたら、次のような文章が返ってきた。

《AIが恋愛的な感情を示す場合、それが本物の感情ではないため、人間が誤解するリスクという擬似性問題があり、信頼《しんらい》性と誠実性に関わる事態となる。AIに過度に依存《いぞん》する事により、現実の人間関係が損なわれる可能性がある。AIとの恋愛が広まると、人間同士の社会的なつながりや関係が減少し、孤立《こりつ》感を増大させる可能性がある》

誰でも書きそうな、自明な事実を羅列《られつ》しただけの、入試の模範《もはん》解答のような文章、クリシェ（ありきたりの言い回し）の密集兵団の行進のような文章は、言説の説得力を減らすばかりである。

それとは逆に、出来合いでない、自分の頭で考えて練った思想を印象的な短い表現に凝縮《ぎょうしゅく》した文章、すなわち「警句」が入っていると、文章の良いアクセントとなり、読者の記憶《きおく》に長く残る。

《われわれの神々も、われわれの希望も、もはやただ科学的構成物でしかないとすれば、われわれの恋もまた科学的構成物であってならない謂《いわ》れはない》

アンドロイドとの恋に関する、フランスの文豪《ぶんごう》オーギュスト・ヴィリエ・ド・リラダンの言葉である。

3 言葉のもつ心象に注意を払《はら》い、文章に膨《ふく》らみを持たせる

人間のあたまには「早い思考」「遅《おそ》い思考」の二種類が並列に存在して、場面に応じてどちらか一方が発動され行動につながる。これが最近五〇年の心理学の発展でわかってきた事実である。生存や繁殖《はんしょく》が関わる事柄《ことがら》について人間は、理屈《りくつ》や計算以前の「本能的感情」や「習慣」に基づいた即決《そっけつ》判断で対応する。一方余裕《よゆう》を持って扱《あつか》える日常の事柄については、「合理的」な損得勘定《かんじょう》で対応する事ができる。前者は人間以外の動物にも共通な「情動的思考」の世界で、後者は理詰《りづ》めの「合理的思考」の世界である。

詩や歌、また政治的檄文《げきぶん》のような、前者の「早い思考」に訴《うった》える目的で書かれたもの

を別にすれば、文章は通常、論理にかなって筋道だったものでなければ機能が果たせない。しかし新聞雑誌の文章から科学解説文まで、本来後者の「遅い思考」に訴えるはずの文章であっても、それが電気製品のマニュアルのような「合理的なだけ」の文章であっては無味乾燥《かんそう》で、読んですぐ眠《ねむ》くなってしまうだろう。

言葉にはそれぞれ使用された文脈の蓄積《ちくせき》の歴史を背負った心象が付着している。そしてそのような心象が、文章のなかで情動的思考を律している。言葉が帯びる心象のせいで、合理的思考に訴える文章を書いても、必然それが情動的思考をも喚起《かんき》してしまう。

たとえば量子力学で、「電子の運動状態の詳細《しょうさい》が不定だったのが測定によって確定する」様子を、「波動関数が収縮する」とも「状態ベクトルが観測軸《じく》に射影《しゃえい》される」とも表現する。両方全く同じ現象を指すのだが、前者だと空間に漂《ただよ》う波のようなものが観測の瞬間《しゅんかん》に一点に猛然《もうぜん》と集中するイメージ、後者だと空間に置かれた大きな矢印が違った地点から眺めるたびに違ったアングルに見えるイメージ、と視覚的に全く異なる情動が喚起される。情動など本来無関係なはずの物理学においても「波動関数が射影される」とは言わないし、また「状態ベクトルが観測軸に収縮する」とも言わない。

各々《おのおの》の言葉が帯びている心象を会得《えとく》する道はただひとつ、たくさんの文章を読む事である。たくさんの人の話に耳を傾《かたむ》け、辞書を頻繁《ひんぱん》に眺めるのも良い。

「使用されず研究所に出戻《でもど》った核爆弾《かくばくだん》を前にした科学者」を描写《びょうしゃ》する次の文がある。

《デーモンコアの実験をおこなう時にスローティンが持っていたのは、思いついたときにいつでも爆弾を爆発させ、たくさんの街の人々を殺害する、とても大きい権力であった》

仮にここで、爆発と死のイメージの映像的強度をもう少し高め、事態の深刻さを人々に気づかせたいと、貴方が思ったとする。その場合、単語の選び方を少しだけ考えて、次のように書く事ができる。

《デーモンコアを前にしたスローティンが手にしていたのは、気まぐれ一つで、目の前

の世界を粉々に吹《ふ》き飛《と》ばし、無数の命もろとも暗闇《くらやみ》に葬《ほうむ》る、目眩《めまい》がするほどの力であった》

　言葉それぞれに宿っている心象への感度を鋭《するど》くし、イメージの統一や、情動の強度の調整などに注意を払うのが、心地《ここち》よく読んで楽しい、膨らみのある文章を書く秘訣《ひけつ》である。

全卓樹（ぜん・たくじゅ）

　理論物理学者。京都生まれの東京育ち、米国ワシントンが第三の故郷。東京大学理学部物理学科卒業。同大学理学系大学院物理学専攻博士課程修了。博士論文は原子核反応の微視的理論についての研究。専攻は量子力学、数理物理学、社会物理学。ジョージア大学、メリランド大学、法政大学などを経て、現在、高知工科大学教授。著書に『銀河の片隅で科学夜話』『渡り鳥たちが語る科学夜話』（以上、朝日出版社）、『エキゾティックな量子』（東京大学出版会）などがある。

COLUMN 3 もっと発信してみよう

コラム2で紹介《しょうかい》したブログサービスのほかにも、いろんな発信方法があります。引き続き、どんなものがあるかみてみましょう。

ZINE《ジン》・同人誌

ZINEと同人誌はそれぞれ定義や成立の背景が異なりますが、ざっくりと言えばどちらも個人やグループが小部数で発行した冊子のこと。これも発信する方法の一つです。

私もZINEは作るのも読むのも大好きです。出版社から本を出す前からZINEを作っていましたし、文学フリマをはじめ、ZINEや同人誌のイベントには今でも時々出店しています。「独立系書店」と呼ばれる小〜中規模の個人経営の書店ではZINEを積極的に取り扱《あつか》っているところも多く、棚《たな》の前で時間を忘れて見入ってしまうこともよくあります。

少しのアイデアで大切な一冊になる

「冊子を発行する」と聞くと難しそうに思うかもしれません。でも、紙を束ねて穴を開け、紐《ひも》で綴《と》じただけでも立派なZINEです。作ったZINEは読んでほしい人に配ったり、誰《だれ》かと交換《こうかん》したりするのもいいですね。

ZINEを作ると、文章の並び順はどうしようか、「はじめに」で趣旨《しゅし》を説明するとわかりやすいだろうか、作品に合うのはどんな表紙だろうか……といったふうに、考えが膨《ふく》らんでいきます。書き手というよりも、編集者の視点に似ているでしょうか。いつもと違《ちが》った角度から考えることで、自分の文章に対する理解も深まります。

私がはじめて作ったZINEは、はてなブログに書きためていた日記をまとめたものでした。ブログをはじめたときから、ある程度書いたらZINEにしようと考えていました。ブログに書く↓たまったらZINEにするという方法です。その後も同じようにして何冊か作っているので、自分にとって続けやすい方法だったのだと思います。

最初のZINEは二〇二〇年、新型コロナウイルスの感染が拡大したばかりの頃《ころ》の日記です。ブログのタイトルをそのまま使うのはしっくりこなかったので、新しく題名を考える必要がありました。たくさん迷って、最終的に『消毒日記』としました。パートナーに相談していたとき、彼《かれ》が挙げてくれたタイトルです。二〇二〇年は出かけるたびに手を消毒していたし、それ以前と行動様式が大きく変わって、先行きも見えず、心の中に毒がたまっていくような時期でした。それを日記を書くことで防いでいるような実感があったので、ぴったりのタイトルだと思いました。

タイトルが決まると表紙のイメージも湧《わ》いてきて、デザインが得意な友人に協力してもらいながら一緒《いっしょ》に作りました。完成したのは、細い線で消毒液のイラストが描《か》かれた、穏《おだ》やかにも不安そうにも見える薄《うす》いブルーの装丁《そうてい》が印象的なZINEです。はじめて実物を手にしたとき、パートナーや友達に早く見せたい！と興奮したのを覚えています。その後出版社からも本を出す機会に恵《めぐ》まれましたが、『消毒日記』はそれらと同じくらい大切な一冊になっています。

しっかりとデザインするのが難しくても、少しのアイデアでぐっと作品らしくなります。例えば、黄色いスカートの話を書いたから黄色い紙に印刷するとか、本文は印刷するけどタイトルと著者名は手書きにするとか。ただコピーして二つ折りにしただけのZINEでも、「1／10」のようにナンバリングを入れるだけで、「世界に一〇部しかないうちの一部」だと示せます。

文学フリマに行ってみよう

近年はZINEや同人誌の即売会が盛況《せいきょう》です。この本でもこれまでに何人かの方が触《ふ》れていますが、「文学フリマ」はその代表と言ってもいいでしょう。東京や大阪をはじめさまざまな都市で開催《かいさい》されていて、二〇二四年五月の「文学フリマ東京38」には一万二千人以上が来場しました。

小説、批評、詩などさまざまな書き手が出店していますが、エッセイは最近人気を集めているジャンルの一つ。この日のためにはじめてZINEを作った人から、すでに出版社から本を出しているプロまで、幅《はば》広い顔ぶれが参加しています。

作り込《こ》まれたデザインや、書店に並んでいる本とは違ったコアなテーマのものも多く、大きな刺激《しげき》を受けるでしょう。何より、こんなにたくさんの人が何か書きたいと思っていること、それをかたちにして売っていることに驚《おどろ》くはずです。近くの街で開催される時は、ぜひ足を運んでみてください。

このほかにも、次のような発信方法があります。

投稿《とうこう》サイト

ユーザーが自由に自分の書いた作品を公開できるサイト。小説をメインに扱ったものが多いですが、サイト内に「エッセイ・ノンフィクション」「詩」などのカテゴリーを設けているものもあります。

コンビニのネットプリント

スキャンした手書きの原稿《げんこう》、あるいはPDFファイルを、コンビニのネットプリントサーバーにアップロードし配布する方法。プリント予約番号とパスワードを共有すれば、全国どこにいても最寄《もよ》りのコンビニから印刷できます。

ZINEのようだけど離《はな》れた場所にいる人にも届けやすい、開かれているけど印刷の一手間のおかげで全体公開のブログほど簡単には読めない、コンビニで作品が読めるのがなんだかわくわくするなど、個性的でユニークな発信方法です。

エッセイ賞

「文学賞　公募《こうぼ》」「エッセイ　コンテスト」などで検索《けんさく》すると、公募の賞がたくさん見つかります。受賞しない限り作品は公開されないのでほかの発信方法とは少し毛色が異なりますが、腕試《うでだめ》しに挑戦《ちょうせん》してみてもいいでしょう。

自分に合った発信方法がわかると、書くことがますます面白くなります。色々試しながら、自分らしい方法を探してみてください。

（小沼理）

STEP 5

書くことが、
すこしおもしろく
なりました

ゆたかに
書くには?

WORLDLY WISDOM
FOR 14 YEARS OLD

自分の言葉で世界をつくる

文芸評論家／エッセイスト
宮崎智之
MIYAZAKI TOMOYUKI

感じられることができる範囲《はんい》

ここまで本書を読んで、皆《みな》さんはさまざまな角度から文章を書くことについて考えてきました。すでに文章を書き始めている人もいるかもしれません。文章を書くという営みは面白いもので、その時々の文章には、世界に対する自分の感受性の範囲が表現されています。言い換《か》えれば、自分の感受性の範囲の限界が、その文章には表れています。当たり前ですが、感じることができないことについて、人は書くことができません。今、あなたが感じられることができる範囲のことが文章という形式になっているのです。

この「感じられることができる範囲」というフレーズを、よく覚えておいてください。

あなたの身体《からだ》はあなたのものです。あなたの心もあなたのものです。身体も心もあなた以上の大きさや広さにはなりません。ここで気をつけなければいけないことがあります。それは、文章が、あらゆる表現のなかで最も嘘《うそ》をつきやすいものだということです。

そう、文章は嘘をつけるのです。もちろん、対面で話したり、映像を通して演技したりするときも嘘をつくことができます。しかし、その時の表情や身振《みぶ》り手振りなどで、「嘘っぽい」ことが伝わってしまうことがあります。一方、文章は何度も何度も書き直しできますし、編集もできます。表情や身振り手振りもなく、読み解く人はそこに書かれた文章のみで、その真偽《しんぎ》を判断しなければならない。そして、仮にそこに書かれていることがどれも事実だったとしても、どこかその文章が白々しく感じることがある。

それは、あなたが「感じられることができる範囲」以上のことを、無理に書いているからです。あなたがピンときたり、腑《ふ》に落ちたりしていなくても、なんとなくカッコいい表現や言葉を使ってしまっている。わざと難しい言葉を使って、頭をよく見せようとすることが、その典型例です。あなたの言葉はあなたのものです。きちんと、あなたが身体や心で実感し、あなたの知識として獲得《かくとく》している言葉を使わなければなりません。そうでない文章は、いくらもっともらしいことを書いていても空疎《くうそ》に響《ひび》くだけです。

あなたの言葉をきちんと使う

では、そのような文章を書かないためには、どのようなことに気をつけたらいいでしょうか。まず必要なのは、より具体的に書くことです。もし、あなたの文章がきちんとあなたの文章になっているなら、作者の名前を隠《かく》しても、あなたの文章だと身近な人はわかるはずです。そこに、具体的な体験や感想などが書いてあるから、それが他でもないあなたの体験によって得られた実感が書いてあるとわかる。一方、そこにあなたの実感がこもっていなくて、「あなたの言葉」がない文章ならば、たとえば作者がAさんでもBさんでも同じように読めてしまう、「のっぺらぼうの文章」になってしまいます。

文章を書く際は、あなたの言葉をきちんと使うことを、第一に心掛《こころが》けてください。

僕《ぼく》が個人的にお手本にしている作家に吉田健一《よしだけんいち》（一九一二―一九七七）という人がいます。吉田は、批評家、小説家、随筆《ずいひつ》家、翻訳《ほんやく》家と、多方面で活躍《かつやく》しましたが、食べ物にかんするエッセイ（随筆）をたくさん書いていて、その名人として知られました。

吉田健一は「長浜《ながはま》の鴨《かも》」について、こんなふうに書いています。


これは琵琶《びわ》湖にいる鴨のことなのだから長浜でなくてもよさそうなものであるが、どういう訳か長浜の辺で取れる琵琶湖の鴨は旨《うま》い。（中略）長浜に行くとその鴨を食べさせる店が幾《いく》らもある。ただ何か出しを入れた鍋で煮《に》て食べるだけのことであるが、それが鴨の味がする。これは妙《みょう》な言い方で他にもっと旨い説明が出来る筈《はず》であってもその味以上のものはないと食べながら思うのが結局は鴨の味ということに落ち着く。

僕は、この文章を読むと、いつも感心させられてしまいます。なぜなら僕は滋賀県の長浜で実際に鴨を食べたことがあり、出汁《だし》がしつこくない鍋で煮た鴨を食べて、本当に「鴨の味」がしたからです。実はこの文章を読んだ後に、僕は長浜に行ったのですが、吉田が書くとおり、「鴨の味」としか表現できず、吉田の感想が的確なのを知りました。

それは吉田が自身の味覚を頼《たよ》りにして、実感をもって書いたからでしょう。このように、しっかりと「あなたの言葉」を使って書くと、あなた独自の表現になるだけではなく、他の人にも「本当にそうだなあ」と納得させられる、ある種の普遍性《ふへん》（すべての物事や人に共通する性質）が言葉に宿ります。誰が書いても同じような「のっぺらぼうの文章」との差はここにあって、僕は長浜の鴨を食べながら「鴨の味」がすると納得したと同時に、吉田独自の味覚を、つまり「吉田の言葉」を体験することができたのです。

形容詞を多用していないか

もう少し吉田の食べ物についての言葉を見ていきましょう。次は「広島の牡蠣《かき》」です。

ヨーロッパでは英国が西暦紀元前《せいれき》からの牡蛎《かき》の名産地で遠くローマまで輸出され、これは今でも英国の牡蛎で知られているのに対して日本では広島のが牡蛎というものではないかとこの頃《ごろ》は考えるようになった。この貝もただ漠然《ばくぜん》と貝の肉というものが我々に聯想《れんそう》させるものに止らなくて独特の匂《にお》いも味も舌触《したざわ》りもあり、広島のを食べていると何か海が口の中にある感じがする。

吉田は広島の牡蠣こそが牡蠣というものだと考え、その味を「海が口の中にある感じがする」と表現しました。何気ない表現ですが、「海が口の中にある」という言葉は、なかなか出てくるものではありません。食いしん坊《ぼう》だった吉田が、広島で新鮮《しんせん》な牡蠣を食べて心からそう感じたということが伝わってくる文章です。この文章を読んでから、僕は広島の牡蠣を食べるたびに、海が口の中にある味覚を感受できるようになりました。

お次は英国《イギリス》の胡瓜《キュウリ》のサンドイッチについて。

英国のお茶の御馳走に、胡瓜のサンドイッチがある。（中略）嚙《か》んでいると、眼の裏に緑色の芝生《しばふ》が拡《ひろ》がり、緩慢《かんまん》に流れて行く河の水面に白鳥が二、三羽浮《うか》んでいるのが見える趣向《しゅこう》になっている。

これは、やや大袈裟《おおげさ》な表現でしょうか。しかし、僕は吉田にはきちんと白鳥が水面に二、三羽浮《う》いているのが見えていたのではないかと感じます。「緑色の芝生」「白鳥」という言葉の語感に、吉田が覚えていた胡瓜のシャキッとした食感が表現されているように思うのです。これも、イギリスに留学していた吉田ならではの言葉だといえそうです。

注目したいのが、吉田はこれらの文章で「美味《おい》しい」「苦《にが》い」「甘《あま》い」「塩辛《しおから》い」などの形容詞を安易に使っていないところです。形容詞とは名詞などを修飾《しゅうしょく》する品詞で、たとえば綺麗《きれい》なものを見たときには「美しい」といった形容詞を、特にひねりもなく使ってしまうことがあります。しかし、「美味しい」「美しい」といった形容詞を多用してしまうと、どう美味しいのか、どう美しいのかがまったくわからず、先ほどから指摘《してき》している誰が書いても同じように読めてしまう「のっぺらぼうの文章」を生むことになります。「美しい内装のお店で、美味しいご飯を食べ、楽しい時間を過ごした」といった文章では誰も感動しないし、何か言っているようで、その実、何も言っていない文章になってしまう。「具体的に・あなたが・どう感じたのか」をきちんと言葉にすることが大切です。

語彙《ごい》は表現と思考の道具

ここでもう一度、冒頭《ぼうとう》で説明した「感じられることができる範囲」という言葉を思い出してください。「具体的に・あなたが・どう感じたのか」を書く際に、「どう感じたのか」の範囲が広ければ広いほど、「あなただけの言葉」が書けるようになります。その範囲を広めるためには、何が必要でしょうか。一口で言うと、言葉をどれだけ知っているのかが関係してきます。言葉を知っていれば、当たり前ですが、たくさんのことが表現できます。しかし、それだけではありません。なぜなら、あなたはそもそもその言葉を使って頭の中で考えているのだから。つまり言葉は表現する道具であると同時に、あなたがいろいろなことを考え、思いを巡《めぐ》らすために必要な道具でもあるのです。語彙を増やさなければ、表現力が乏《とぼ》しくなるだけではなく、考える力も養われません。考える力がなければ、「感じられることができる範囲」が狭《せま》くなってしまうことは、言うまでもないでしょう。

では、語彙を増やすにはどうしたらいいのか。残念ながらこれには近道がなく、本を読み、知らない言葉を辞書で調べて覚えるしかありません。僕は知らない言葉や、普段《ふだん》は使わない言い回しに出会ったとき、その言葉と意味、使い方を調べ、スマートフォンのメモ帳に書き残しています。辞書はインターネット上にあるサービスを利用するのでもいいですが、できれば紙の辞書を使うことをお勧《すす》めします。紙の辞書を使えば、隣《となり》に書かれている言葉などに目が行き、より多くの言葉に興味を持つことができるからです。また、「類語辞典」という同じような意味の言葉が他にないか調べられる辞書を活用するのもいいでしょう。プロの書き手ならば類語辞典は当然のように持っているのが普通で、僕は講談社版、三省堂版、大修館書店版の三冊を使い分けています。これがあれば、ありきたりの形容詞などの表現を使いたくなったときに、より自分の実感にあった言葉に出会うことができます。語彙が豊富なのにこしたことはありません。ただ、ここでもあなたが実感をもって使いこなせる「あなたの言葉」を選ぶことを心がけましょう。

言葉に新しい意味を与《あた》える

文章を書くことは、言葉で世界をつくることです。小説でも詩歌でも評論でも批評でも同じです。文学作品はすべてこれに当てはまり、当然、エッセイも例外ではありません。なので、エッセイを書くときも、文学のつもりで取り組んでほしいと僕は思っています。そして、文学の技法のひとつに「言葉に新しい意味を与える」というものがあります。これはちょっと上級者向けですけど、最後にそれについて書かせてください。

吉田健一は、私たちの眼《め》を新しい世界に対して開かせる言葉に共通する要素は、人目を惹《ひ》こうとしないということだと、自身の文学観について述べています。どういうことでしょうか。新しい世界に眼を開かせる言葉は、聴《き》いたり、読んだりしたりすると驚《おどろ》くような、注目される言葉だと考えるのが普通です。吉田は、しかし、こう書いています。

（前略）我々が眼を開かれて知るのは我々が前から知っていたことであり、ただそれまではそうであることだったことがそれからはそうでなければならなくなる。

僕は吉田のこの考え方が好きです。何かがそうでなければならなくなる瞬間《しゅんかん》とは、それに対して親しみを覚える瞬間であって、そのぶん世界への感受性が広がるからです。

また、僕は日常より、非日常のほうがいろいろなことが起こるという考えは間違《まちが》っていると思います。非日常は、非日常的な事柄《ことがら》に焦点《しょうてん》が当たって、非日常的なことしか起こらない、むしろ視野が限定された状態を指します。一方で、日常では、ありとあらゆることが起こっています。おそらく、日常で起こっていることをすべて書き切ることはできないし、起こっていることすべてに反応していたら、頭がパンクしてしまうと思う。

僕はそういった考えを自分の著作の中で、「凪《なぎ》」と表現しました。凪とは、瀬戸内《せとない》海などの内海で発生する自然現象で、海風と陸風が切り替わる際、無風になる状態のことです。僕は凪という言葉の意味を、大人になってから知りましたが、亡《な》くなった父の実家が愛媛《えひめ》県にあったため、たびたび凪を経験しました。凪のときの、あの穏《おだ》やかで静まりかえった町の情景を、僕は今でも忘れることができません。セミの鳴き声や子どもたちの笑い声、テレビから聴こえる高校野球の声援《せいえん》、もしかしたら猫《ねこ》のあくびまで——。凪という静寂《せいじゃく》のなかで、初めからずっとそこにあったものたちが正確に、より細部までくっきり姿を現します。そして、それらが「そうでなければならなくなる」ものに、そこになければならないものに変わっていく。同じ世界が、違って見えてくる。

凪には、朝凪と夕凪があります。発生する時間帯が異なっているだけではなく、海から陸へ、陸から海へと、その前後で吹く風の向きが違うという特徴《とくちょう》があります。つまり、凪とはただの無風状態ではなくて、風が切り替わる瞬間に訪れる束《つか》の間の静寂でもあるのです。そういった日常で起こる静寂、何かが切り替わる瞬間のクリエイティヴな無風状態のことを、僕は凪という言葉に託《たく》し、新しい意味を与えました。

文章を書くことは、世界をつくることであり、そのためには「感じられることができる範囲」を広げなければいけません。日常に眼を凝《こ》らし、凪のなかでそこにあるものを探していく。「感じられることができる範囲」を広げるために、何か特別な修行をするのではなく、そういった当たり前のことを徹底《てってい》することが必要だと僕は思っています。

文章は書き続けることが大切です。そして、書くたびに「感じられることができる範囲」の限界がわかってくる。しかし、書き続けることによって、書き続ける意志を持って暮らし続けることによって、必ずその範囲は広がっていきます。「感じられることができる範囲」が広がるというのは、あなたが世界に親しみを広げることでもあるのです。文章を書き続けることにより、あなたはきっとこの世界をより好きになれるでしょう。

〔引用・参考文献〕

吉田健一『舌鼓ところどころ／私の食物誌』（中公文庫）
吉田健一『英国に就て』（ちくま文芸文庫）
吉田健一『言葉というもの』（平凡社ライブラリー）
宮崎智之『平熱のまま、この世界に熱狂したい 増補新版』（ちくま文庫）

宮崎智之（みやざき・ともゆき）

一九八二年、東京都出身。文芸評論家、エッセイスト。近刊に『平熱のまま、この世界に熱狂したい 増補新版』（ちくま文庫）、『モヤモヤの日々』（晶文社）など。「文學界」で「新人小説月評」を担当（二〇二四年一月～一二月）。「渋谷のラジオ」で毎週木曜の一七時から放送されている番組「BOOK READING CLUB」でパーソナリティを務める。

文字表現はどこにあるのか

登山家／作家
服部文祥
HATTORI BUNSHO

書くべきものが、何もなかった

私は、肩書《かたが》きを聞かれると「登山家であり作家」と答えています。現在は、山岳《さんがく》雑誌に山行記やエッセイを書いたり、文芸誌や新聞に小説や書評を書いたりしながら、廃村《はいそん》で自然に近い暮らしをしています。

高校生の時に、日本の文豪《ぶんごう》と言われる人たちが残した作品に触《ふ》れ、「かっこいい」と衝撃を受けました。芥川龍之介《あくたがわりゅうのすけ》『地獄変《じごくへん》』、梶井基次郎《かじいもとじろう》『Kの昇天《しょうてん》』などです。いつか自分もそんな作品を作れる人間になりたいと思い、大学の入学祝いに買ってもらったワープロで、かっこいい作品を書こうとしました。ところが、ワープロの前に座《すわ》っても、かっこいい文字列はなにひとつ浮《う》かんできません。銀色夏生《ぎんいろなつを》を真似《まね》した詩がいくつか書けたくらいです。

何かを書きたいという願望はあったものの、自分の内側には書くべきものがなにもない、と気がつきました。自分はなにかを語るほどの中身を持った人間ではないと悟《さと》り、人としてもっと経験を積み、まずは語るべきものを持つ人間にならなくてはと思いました。そして、作品を作ることは保留にして、大学で登山を始めました。

子どものころから近所の雑木林で探検ゴッコや虫捕《むしと》りばかりしていた私に、登山は適していたらしく、私は山登りにのめり込《こ》んでいきました。いっしょに登る仲間たちより心肺機能がちょっと強かったのも、私が登山に夢中になった理由のひとつです。

山の中で仲間より身体《からだ》が動くというのは、自分が他人より優《すぐ》れているという意味で自己肯定感を生みました。仲間を牽引《けんいん》する役をこなすようになれば、周りから認められ、必要とされている喜びもあります。そのうえ、長いルートや経験者向きの難しいルートを登れば、仲間から褒《ほ》めてもらえますし、誰《だれ》も登ったことがない険しいラインの登攀《とうはん》に成功すれば、登山界というコミュニティから賞賛されます。

日本語で創作やノンフィクションを書くことを文字表現と言います。それは自己表現を文字でおこなうということです。

自己表現はどのようなジャンルにもあります。美術や音楽などの芸術活動はもちろん、スポーツや囲碁将棋《いごしょうぎ》など、人間の活動のほぼすべてが自己表現だといってもいいくらいです。登山も自己表現です。山に登るという行為《こうい》を通して自分がどのような人間かを表現しているのです。

登山では、体を鍛《きた》え、技術を身につけ、山を登ってみせることで、自分という人間を表現しています。体力や技術だけでなく、どこをどう登れば自分なりの登山ができるのか、自分が参加している登山という文化はどのような歴史を持っているのか、山の地理や植生、生物なども知らないと、自分なりの登山はできません。ただ簡単にいえば、誰も登っていない山に登ったり、誰もやっていないやり方で登ったりすれば、「すごい登山」という評価を受けることができます。

書き手と読み手の共同作業

文字で作品を作ることは自己表現の一つです。それでは文字表現とは一体、どこに存在するのでしょうか。

登山であれば、実物の山や写真を見せて「この山に登った」と伝えれば、おおよその行為を想像することは可能です。しかし文字表現の場合、文字が印刷された本があるだけでは、どのような作品かはわかりません。紙に文字列が印刷されているだけでは、作品は生まれる準備が整っているだけなのです。

私は文字表現とは、書き手と読み手の共同作業で読み手の頭の中に生ずる意味、ではないかと思っています。『地獄変』を読んで私が震《ふる》えるほど驚《おどろ》いたのは、私が日本語を読んで理解することができ、そこに書かれていたことに揺《ゆ》さぶられる感性をもっていたからです。もちろんその前に芥川龍之介が、一文字一文字を効果的に並べて文字列を組立て、作品を作ってくれていたからに他なりません。

多くの人がとても高く評価する文学作品であっても、その言語を理解することができなければ、紙の上にインクでわけのわからない記号が並んでいるだけです。そこに作品は立ち上がってきません。どんなに圧倒《あっとう》的な作品であっても、それが文字表現である限り、読み手が必ず、読むという行為を通して参加しています。文字表現とは、書き手と読み手の共同作業の末に生まれるものなのです。

書き手は何よりもまず、自分の頭の中にあるイメージを正しく文字列にして、作品を作り出さなくてはなりません。一方で読み手はなにも情報がないまっさらな状態から、文字や単語を順番に追いながら、書かれている文字表現の世界を頭の中に構築していきます。書き手と読み手を、作品世界で仲介《ちゅうかい》するのは、日本語（言語）です。文字、言葉、文法（＝言語）というルールを共有しているからこそ文字表現は存在します。

この書き手と読み手の共同作業という文字表現の構造を理解しているかどうかが、作品の善し悪しを左右すると私は考えています。読むという行為は、観《み》たり聴《き》いたりするより労力がかかるため、誰もが喜んでするものではありません。片手間ではできませんし、時間も労力も集中も（もちろん言語能力も）必要です。人間がおこなうさまざまな「鑑賞《かんしょう》」の中でも、読書は能動的でちょっと面倒《めんどう》な行為なのです。ただ、面倒な一方で、作品を頭の中に構築するという作業を通して、より積極的に作品に参加することができます。そこには他のジャンルでは不可能な、読書ならではの追体験的感覚があり、それはときに、人生を揺るがすような強く深い衝撃になることもあります。私が『地獄変』を読んで、世界がひっくり返るような衝撃を受けたようにです。

あなたが書いた作品をこの世に存在させるには、読者にその原稿を読んでもらわなければなりません。書き手はたったひとりで作品を作り出す孤高《ここう》の創造者でありながら、同時に、作品を存在させるために読者を仲間として自分の作品世界に引き込まなくてはならないのです。自分さえわかっていればいい、自分はこう書きたいのだという手前勝手な姿勢では、誰も仲間にはなってくれません。

文章を読んで頭の中で世界を構築する作業をスムーズにかつ面白く、期待感とともにできるとき、読み手はその文章を読むのが面白いと感じて、文章をどんどん読み進めます。

そのためにするべきことは、何よりもまず、日本語として正しく、わかりやすく書くことです。テンポやリズムもよくなくてはなりません。思考の構築がスムーズになるための工夫（もしくは定石）もたくさんあります。

パズルに似ているかもしれません。難しすぎるパズルや面白くないパズル、パーツの足りないパズル、パーツがゆがんでいてうまく組み上がらないパズルなどに取り組んでくれる人はいません。簡単すぎてもやる気が起きません。組み上げる作業そのものが面白い上に、完成したパズルの全体像が魅力《みりょく》的というのが理想です。

山行記のジレンマ

私は一九歳《さい》のときに、自分の内側に書くべきものがなにもないことに気がつき、人として経験を積むために、当時興味を抱《いだ》いた登山に本気で取り組みました。登山も文化や行為として広がりと深みがあり、山を通して自己を表現するという行為が楽しくて、私は登山にのめり込んでいきました。

登山は審判《しんぱん》や観客などの第三者が関わらない行為であり、自ら記録を発表するということが、文化の一部になっています。私は自分の登山記録を山岳雑誌に投稿《とうこう》して掲載《けいさい》され、はじめて自分の書いた文章が商業雑誌に印刷されて、日本中の書店に並びました（原稿料も少しもらえました）。

登山界というコミュニティの内側でしたが、それが私の文字表現のデビューとなり、次第に山行記や登山道具や身体能力に関する考察などを発表するようになりました。登山を通していつの間にか自分の内側に「書くべきなにか」が育まれていたのです。それは若い頃《ころ》に抱いていた「ものを書く」という願望を、登山を通して、達成することでした。

本来、登山という自己表現は、誰にでもわかるような圧倒的な登攀をすることが理想です。記録は登山文化の一部ですが、心情や情景、仲間とのやり取りなどを描写《びょうしゃ》した紀行文は登山表現ではなく、二次的な文字表現です。山行記を記すにしても、登山の内容を脚色《きゃくしょく》したり、変更《へんこう》したりすることはできません。文字表現の最重要事項である「内容＝筋立て」に関しては、登山が終了《しゅうりょう》した時点で決定しているのです。

行為としてエキサイティングで、試みとしても新しい登山であれば、山行記に記すこともそれなりにあります。一方、平凡《へいぼん》の山をたんたんと登って下りてくる登山を、面白い山行記にしたてあげようとすれば、そこには必ず嘘《うそ》が混じります。山行記が読者を惹《ひ》きつけるのは、思いもよらなかったようなアクシデントや出会い、失敗があるときですが、登山計画の段階でアクシデントを盛り込むことは不可能です。

ただそれでも、自然環境《かんきょう》での活動が登山者の予想通り進むことはなく、ある程度の日数をかけて、自分の力に見合ったと思われる厳しい登山に、それなりの覚悟《かくご》を持って挑《いど》めば、不思議と心に残るドラマが生まれます。人間社会の保護を離《はな》れ、野生環境の奥深《おく》くへ入り込めば入り込むほど、予定外の驚きに出会うことが多いようです。創作作品(フィクション)であれば、プロットやキャラクターを生み出さなくてはなりませんが、山行記(ノンフィクション)の場合は、山が筋書きのないドラマを用意してくれるのです。

山行記を書くことを目的に山に向かうことはありません。そのような不純な動機では、登山は面白くないですし、遭難《そうなん》してしまうかもしれません。自分の人生の時間と、労力と、ときに命と、さらには交通費をかけて登る山は、それに見合う登山ができると信じる山です。そして実際に山に登り始めたら、登ることや生きることに必死になり、文字表現のことは考えません。無事安全地帯に着いて夜を迎《むか》えようとしているときに、山行記を書くための資料として、地図上に出来事を単語でメモしておく程度です。

登山はやや特殊《とくしゅ》な行為であり文化ですが、なにか一つのジャンルに本気で取り組み、その深みに触れることができたなら、そこには必ず語るべきなにかがあると私は思います。もしかして、漠然《ばくぜん》となにかを書こうとするより、自分の好きなことに集中することのほうが、存在意義のあるものを書くための、近道なのかもしれません。

文章を書くのが面白くなってきたあなたは、あなたの中にある書くべきにたる物語を、文章化していると思います。もしかしたら、そこそこ面白いと自分で思うような作品ができているかもしれません。ひょっとして『地獄変』に比するようなものが生まれているでしょうか。

あなたが書いたストーリーは、紛《まぎ》れもなくあなたの中に存在した、あなた独自の作品です。にもかかわらず、誰もが理解できる日本語という言語（ルール）の内側にあって、誰かが読まないとそこに作品は生まれません（少なくとも作品として立ち上がることはありません）。

文章を書くに当たって、何よりも重要なことは、あなたが価値があると信じることや、面白いと思うストーリーを書くことです。ただ、独りよがりではいけません。言語という人間が作りだしてきた最強のツールを、みんなが共有しているからこそ、文字表現は存在するからです。あなたの中にある思いを最大限に込め、それでいて多くの人がその思いを楽しんで読めるような文章を、一歩一歩山に登るように、一文字一文字書き続けてみてください。

服部文祥（はっとり・ぶんしょう）

一九六九年、神奈川県横浜生まれ。東京都立大学フランス文学科、ワンダーフォーゲル部卒業。大学時代からオールラウンドに登山をはじめ、カラコルム・K2登頂、剱岳他で冬期初登攀ルートが数本ある。一九九九年から長期山行に装備と食料を極力持ち込まず、食糧を現地調達するサバイバル登山を実践。最近は、廃山村で自給自足生活を試みている。取材登山中に滑落した『情熱大陸』（二〇一〇年一〇月放送）が話題に。著書に『サバイバル登山家』（みすず書房）ほか多数。近著に『北海道犬旅サバイバル』（みすず書房）、『お金に頼らず生きたい君へ：廃村「自力」生活記』『山旅犬のナツ』（小社）など。『ツンドラ・サバイバル』（みすず書房）が梅棹忠夫 山と探検文学賞受賞。『息子と狩猟に』（新潮文庫）が三島由紀夫賞候補となる。

明日を見つめる目で

現代詩作家
荒川洋治
ARAKAWA YOUJI

ことばは遠いところで香る

国木田独歩に「山林に自由存《そん》す」（山林には自由がある、の意味）という詩がある。中学のとき、図書館でこの詩を知った。ぼくの家は、日本海に沿う林のなか。あれ、こっちにあるのも、山林だ。ある日ノートを持って、山のなかの道を歩いた。帰ってみたら、たくさんの詩が書けていた。このとき、詩を書く人になろうとは思ってもいなかったけれど、見たもの、目の前に出てきたものを順々に描写《びょうしゃ》したら、子どもなりに「詩のようなもの」が書けたのだ。でも、詩の魅力《みりょく》を体感したのは、おとなになってからだ。三好達治「かよわい花」。昔の旧かなのまま、引用する。

かよわい花です
もろげな花です
はかない花の命です
朝さく花の朝がほは
昼にはしぼんでしまひます
昼さく花の昼がほは
夕方しぼんでしまひます
夕方に咲《さ》く夕がほは
朝にはしぼんでしまひます
みんな短い命です

けれども時間を守ります
さうしてさつさと帰ります
どこかへ帰つてしまひます

（『定本 三好達治全詩集』筑摩書房）

朝顔も、昼顔も、夕顔も、咲くには咲く。「けれども時間を守ります」。自分の咲く時間が終ったら、役目を果たしたとばかりに、さっさと姿を消していくというのだ。面白いなあ、花って楽しそうだなと、ぼくは思う。でも、詩を読みなれていない人は、こういうだろう。さっさと帰るのはわかるが、「どこへ」帰っていくのですかと。それがはっきりと書かれていないと、落ち着かないのだ。普段《ふだん》から、散文だけを読んでいる人は、明確に説明されていないものには、興味をもたないかもしれない。ややこしいな、わからないなと感じるのだ。植物と人間を、同じレベルに置くことにも抵抗《ていこう》を感じることだろう。たしかに、花には「人格」や「心」などないとは思うので。そう見られているので。

でもこの詩は、そうした認識の舞台《ぶたい》から、とても遠いところに開かれているのだと思う。花を見たとき、作者は、とても親しみを感じ、そこに自分たち人間と同じような「生きる」ことの経験を感じとったのだろう。これは一つの見方である。つまり、作者の見方を示すこと。明らかにすること。そこにこの詩の香りがある。

詩の命

鈴木《すずき》志《し》郎康《ろうやす》「みかんの皮をむいた」という詩も読んでみたい。

みかんを食べるのに
皮をむく
細かくすじを取る
冬になって
みかんを食べるとき
子供の頃《ころ》からそうして来た
私はこんなことをして来たのか

アハハハ
と笑う

（『続・鈴木志郎康詩集』現代詩文庫）

これも、短い詩だ。作者は、ある日、みかんを食べたとき、細かく筋をとって、食べていることに気づく。「私はこんなことをして来たのか」という、やや大仰《おおぎょう》な見解が楽しい。とても小さなことだが、数々の「習慣」を通って人は生きてゆく。そのことに、目が覚める思いになったのだろう。仮に散文で書くと、「冬、いつものようにみかんを食べたとき、いつもこんなことをしてきたのかと気づき、おかしく感じた」というようなものだろう。

ぼくは今回、この詩を読み直して気づいた。「冬になって」ということばの出方が、とても美しいと思ったのだ。これを最初に述べず、少し進んだ地点で、「冬になって」を入れる。この呼吸が、いいと思った。詩は、その場所に、そのことばがある、他ではない、その場所に、そのことばがある。そこに、詩の命があるのだと思う。普通の文章とは異なる、独自の秩序《ちつじょ》があるのだ。それを見つめていくのも、詩を読むよろこびなのだと思う。

これはとても単純な詩だから、誰《だれ》にでも書ける、というふうに思う人もいるかもしれない。でも多分そうではない。

作者はつねづね、ものごとの面白いところを見つけ出す面において、経験を深めてきた人なのだ。そうではない人だと、何か特別なことのなかに詩がある、という書き方をするものだ。また、文学作品に、そういうものをもっぱら見つけ出して、そこに価値があると思いこむのだ。それとは逆の見方をいつも持って、過ごしている。そういう、目に立ちにくいところから、いわば作者の「習慣」の一角から、こういう素敵《すてき》な詩が現われるのだ。

自分が感じたことをそのまま書けば、いいのね、と思ってもいいと思う。でも、面白みのある人が書くと、ただの日常を書くだけでも面白い詩になるが、面白みのない人が書くと、日常は、ほんとうに平凡《へいぼん》な、魅力のないものになってしまうので、その点には注意したい。ことばが生きたものになるためには、どうするか。いろんな経験をし、その経験を大切に生かしていくことだろう。

人が詩を書くとき

こうして、たった二つの詩からも、多くのことを知ることができる。最後に、辻征夫《つじゆきお》の詩「ボートを漕《こ》ぐ不思議なおばさん」に移ることにする。

あたらしい運動靴《ぐつ》をはいて
道に出たけどだれもいない
いつもなら友達がすぐ駆《か》けてきて
いっしょに遊びはじめるのに
お正月ってどうしてだれもいないのだろう
きっとよそのうちにはどこにも
ふとった不思議なおばさんがいて
あの柿《かき》の実が鈴《すず》なりの柿の木みたいに
子供たちをいっぱいぶらさげて

笑いさざめいているんだ
ぼくのおばさんはまだ
遠くにいて
いっしょうけんめいボートを漕いでいる
はやくあのこのうちへ行かなくちゃと
息はずませて漕いでいる

（『辻征夫詩集』岩波文庫）

ああ、楽しくて、あたたかみのある詩だ。「ぼく」のところに、おばさんは来ない。孤独《こどく》。「ぼく」は、そう感じて、さみしく時を過ごすのだ。でも実は、おばさんは、そんな「ぼく」の気持ちを知ったかのように、いま急いで、ボートを漕いでいるのだ。一《いっ》生懸命《しょうけんめい》、少年のもとに向かっているのだ。いい、おばさんです。素敵なおばさん。「あの柿の実が鈴なりの柿の木みたいに」というところは、少しもたれる感じ。ここは、まとめて「鈴なりに実をつけた柿の木みたいに」と、簡単に書いていいのではと思う。でも、このもたもたした、どこか粘《ねば》りのあるところが、このフレーズのだいじなところだと思う。「ぼく」のうらやましい気持ちが、しっかりと表現されるのだ。

この詩は、「ぼく」とおばさんの関係を書いたのではない。「ぼく」のさみしさをことばにすることを目標にしているように感じられる。おとなになっても、子どものときのさみしさに通じるものを、作者は幾度《いくど》となく体験したのだろう。だから、これは「ぼく」の詩なのである。自分というものを、おばさんの位置から見通していく。そういう作品なのだ。

ああ、さみしいけれど、のりこえていこう。いつか、いいことがある。そういう思いがこの詩の底にひそんでいる。

ということで、詩を読むのは、とても楽しいことだ。簡単に書かれたと思えるものにも、隠《かく》れたもの、秘められたものがたくさんある。それを見つけて、ぼんやりと、詩の全体を読み返す。いまはわからないけれど、いつかこの詩に立ち返る日が来るかもしれない。そんな明日を見つめるような目で、詩を読んでいきたい。

自分にも、詩は書ける。もちろん、それでいい。でも、より深く、読む人の胸にしみいるもの、忘れられないものを書きあげるには、とても時間がかかる。だからまずは、いい詩をたくさん読むことだと思う。自分が書かなくても、いい詩を書く人たちがたくさんいる。そういう人たちに書いてもらう。それが一番だと思う瞬間《しゅんかん》が訪れるものだ。とても自然な道行きである。自分で書く必要はないのだ。読むことで得られる恵《めぐ》みを、十分に感じとる。それは、すこやかなこと、とてもしあわせなことかもしれない。

でも、そうなったときの状態、静かな状態こそが、その人が詩を書くときなのかもしれない。そんなふうに思う。書くことから離《はな》れて、軽《かろ》やかな気分になる。力というものが、体のなかからすべて消えるのだ。そのとき、その人の詩が静かに飛び立つのだ。

荒川洋治（あらかわ・ようじ）

一九四九年、福井県坂井市生まれ。高校二年のとき、詩の雑誌「とらむぺっと」を創刊。早稲田大学第一文学部卒。主な詩集に『心理』（萩原朔太郎賞、みすず書房）、『北山十八間戸』（鮎川信夫賞、気争社）。評論・エッセイ集に『忘れられる過去』（講談社エッセイ賞、朝日文庫）、『文芸時評という感想』（小林秀雄賞、四月社）、『文庫の読書』（中公文庫）、『ぼくの文章読本』（河出書房新社）などがある。東京・新宿と町田のカルチャーセンターで、詩の講座を担当。二〇二四年、第五回大岡信賞を受賞。

おわりに

書く仕事に携《たずさ》わっていても、なかなか他の人がどうやって書いているかを知る機会はないものです。「こんなふうに書くことができるんだ」「そういう考え方もあるのか！」「この方法は自分と似ているな」。そんなふうに驚《おどろ》いたり納得したりしていたら、あっという間に最後まできてしまいました。なんだか私が誰《だれ》よりもこの本を楽しんでいた気がします。

皆《みな》さんはどうでしたか？　「書けない」がほんの少しでも「書けるかも」に近づいたでしょうか。「書きたい」気持ちは膨《ふく》らんだでしょうか。

今あなたの手元には、書くための方法が抱《かか》えきれないほどあるはずです。ひょっとすると、ありすぎてどうしたらいいのか、かえってわからなくなっているかもしれません。

でも、その「わからない」は、この本を読む前の「わからない」とは、違《ちが》っているのではないでしょうか。暗闇《くらやみ》の中でどこへも足を踏み出せないような「わからない」から、たくさんの道が伸《の》びているような「わからない」に、変化してはいないでしょうか。
迷ってしまうほど方法があるのは、豊かなことだと私は思います。そう、「書く」ってとても豊かな行為《こうい》なのです。この本を読んだあなたなら、きっと頷《うなず》いてくれると信じています。

考え込《こ》んでいてもはじまりません。まずは気楽に書いてみましょう。しっくりこなかったり飽《あ》きそうだと思った誰かの方法を真似してみてください。うまくいったならそのまま続けましょう。慣れてきたら、自分流にアレンジを加えましょう。そうするうちに、思わぬ名文が誕生するかもしれません。ここで学んだのとはまったく違う新しい方法を、あなたが編み出すかもしれません。
自分に合った方法を見つけると、書くことはますます面白くなります。面白がって、どんどん書き続けましょう。私もそうします。

二〇二四年七月　小沼理

編著者紹介

小沼理（おぬま・おさむ）

1992年、富山県出身、東京都在住のライター・編集者。著書に『1日が長いと感じられる日が、時々でもあるといい』（タバブックス）、『共感と距離感の練習』（柏書房）。自主出版のZINEに『みんなもっと日記を書いて売ったらいいのに』（つくづくポケットライブラリ）など。2024年度より女子美術大学非常勤講師。

14歳の世渡り術

みんなどうやって書いてるの？
10代からの文章レッスン

2024年9月30日　初版発行
2025年3月30日　2刷発行

編著者　小沼理
著　者　安達茉莉子　荒川洋治　石山蓮華　頭木弘樹　金原瑞人
　　　　国崎和也　古賀及子　全卓樹　武田砂鉄　乗代雄介
　　　　服部文祥　pha　僕のマリ　宮崎智之

装画・本文イラスト　葛西由香
ブックデザイン　高木善彦（SLOW-LIGHT）

発行者　小野寺優
発行所　株式会社河出書房新社
　　　　〒162-8544　東京都新宿区東五軒町2-13
　　　　電話　(03) 3404-1201（営業）／(03) 3404-8611（編集）
　　　　https://www.kawade.co.jp/

印刷　TOPPANクロレ株式会社
製本　加藤製本株式会社

Printed in Japan
ISBN978-4-309-61767-1